La Mesure de Foi

*Par la grâce qui m'a été donnée, je dis à chacun de vous
de n'avoir pas de lui-même une trop haute opinion,
mais de revêtir des sentiments modestes,
selon la mesure de la foi que
Dieu a départie à chacun
(Romains 12 :3).*

La Mesure de Foi

Dr. Jaerock Lee

LA MESURE DE FOI par Dr. Jaerock Lee
Le Titre Original: The Measure of Faith
Publié par Urim Books
851, Guro-dong, Guro-gu, Seoul, Korea
www.urimbook.com

Ce livre dans sa totalité ou en partie ne peut être reproduit sous aucune forme, stocké dans un système d'extraction, ou transmis sous aucune forme ou par aucun moyen, électronique, mécanique, photocopie, enregistrement ou autrement, sans l'accord écrit de l'éditeur.

Sauf si autrement spécifié, toutes les citations proviennent de la Bible de Genève, traduction LOUIS SEGOND.

Copyright © 2005 par Dr. Jaerock Lee
Tous droits réservés.

Auparavant publié en Coréen par Urim Books.
Copyright © 2002, ISBN: 978-89-7557-143-5 (03230)
Traduit par Dr. Kooyoung Chung. Utilisé avec permission.

Première édition Première impression Septembre 2005
Seconde édition Première impression Février 2008

Edité par Geumsun Vin, Directrice du Bureau d'édition
Traduit en français par Rév. Guy Davidts
Publié à Seoul Korea par Urim Books (Rep.: Seongkeon Vin)
Imprimé à Seoul, Corée

PREFACE

Je souhaite que chacun d'entre vous possède la foi dans toute la mesure de l'Esprit et se réjouisse de la gloire céleste et éternelle dans la Nouvelle Jérusalem où se trouve le trône de Dieu !

Ensemble avec *La Voie du Salut*, *La Mesure de Foi* est le guide le plus fondamental et important pour une bonne vie chrétienne. Je donne toute reconnaissance et gloire à Dieu le Père qui a béni ce travail de valeur, afin qu'il soit publié et révèle le monde spirituel à un nombre incalculable de gens.

De nos jours, il y a de nombreuses personnes qui proclament croire, mais qui ne sont pas certaines de leur salut. Elles ne connaissent rien de la mesure de foi ni combien grande doit être la foi qui leur est nécessaire pour recevoir le salut. Les gens parlent les uns des autres, « Cet homme a une grande foi », ou « la foi de cet homme est faible ». Il n'est cependant pas aisé de savoir la grandeur de votre foi que Dieu agrée ou de mesurer combien grande est votre foi ou si elle a grandi. Dieu ne veut pas que nous ayons une foi charnelle, mais une foi spirituelle accompagnée par des œuvres. On dit des gens qu'ils ont une foi charnelle lorsqu'ils se contentent d'entendre et d'apprendre la Parole de Dieu et ensuite la mémorisent et la stockent en tant que connaissance. Nous ne pouvons pas avoir de foi spirituelle de notre propre volonté ; elle nous est donnée exclusivement par Dieu.

C'est pourquoi, Romains 12 :3 nous exhorte : « *Par la grâce qui m'a été donnée, je dis à chacun de vous de n'avoir pas de lui-même une trop haute opinion, mais de revêtir des sentiments modestes, selon la mesure de foi que Dieu a départie à chacun* ». Ce passage nous dit que chaque individu a sa foi spirituelle propre, donnée par Dieu, et Ses réponses et Ses bénédictions varient selon la mesure de la foi de chaque personne.

1 Jean 2 :12 et les versets suivants montrent la croissance de la foi de chaque personne, comme celle des nourrissons / nouveaux nés, des enfants, des jeunes et des pères. 1 Corinthiens 15 :41 dit « *autre est l'éclat du soleil, autre l'éclat de la lune, et autre l'éclat des étoiles ; même une étoile diffère en éclat d'une autre étoile.* » Ce passage nous rappelle que l'endroit et la gloire où se tiendra dans le ciel chaque personne sont différents selon la mesure de sa foi. Il est important de recevoir le salut et d'aller au ciel, mais connaître l'endroit où nous nous tiendrons et quelles sortes de couronnes et de récompenses nous recevrons sont encore plus importants.

Le Dieu d'amour qui veut que Ses enfants puissent grandir jusqu'à la pleine mesure de la Foi, s'attend à ce qu'ils entrent dans la Nouvelle Jérusalem dans laquelle il y a Son trône et aspire à vivre avec eux pour l'éternité.

En accord avec le cœur de Dieu et les enseignements de la Parole, *La Mesure de Foi* révèle cinq niveaux de foi et le royaume des cieux, et aide le lecteur à mesurer son niveau de foi personnel. La mesure de la foi et les endroits de résidence dans le royaume des cieux peuvent être divisés en plus de cinq niveaux, mais le présent ouvrage les classifie en cinq niveaux afin d'aider les lecteurs à comprendre plus facilement. J'espère que vous puissiez progresser vers le ciel de manière plus vigoureuse en comparant votre mesure de foi avec celle des précurseurs de la foi dans la Bible.

Il y a des années, j'ai prié afin de recevoir des révélations de certains versets de la Bible qui étaient difficiles à saisir. Alors, commençant un jour, Dieu a commencé à m'expliquer que le royaume des cieux est divisé, et que les endroits de résidence céleste donnés à chacun de Ses enfants varient selon la mesure de sa foi.

Par la suite, j'ai prêché sur les lieux célestes et la mesure de la foi, et ai édité les messages afin de publier cet ouvrage. Je remercie Geumsun Vin, la directrice et les nombreux fidèles collaborateurs du bureau d'édition. Je remercie également le bureau de traduction.

Que chaque lecteur de *La Mesure de Foi* atteigne la pleine mesure de la foi, la foi du Saint Esprit et se réjouisse dans la gloire éternelle de la Nouvelle Jérusalem où se trouve le trône de Dieu, c'est ma prière et ma bénédiction dans le Nom de Notre Seigneur Jésus Christ !

De ma maison de prière

Jaerock Lee

L'Auteur
Dr. Jaerock Lee

Il est né à Muan, dans la province de Jeonnam, en République de Corée, en 1943. Dans la vingtaine, le Dr. Lee a souffert d'une variété de maladies incurables pendant sept ans et il attendait la mort sans espoir de restauration. Un jour du printemps de 1974, il fut cependant conduit à l'église par sa sœur et lorsqu'il s'est agenouillé pour prier, le Dieu Vivant l'a instantanément guéri de toutes ses maladies.

Dès l'instant où le Dr. Lee a rencontré le Dieu Vivant au travers de cette merveilleuse expérience, il a aimé Dieu de tout son cœur et en toute sincérité, et en 1978 il fut appelé en tant que Serviteur de Dieu. Il pria avec ferveur afin qu'il puisse clairement comprendre la volonté de Dieu et l'accomplir entièrement, et il a obéi à toute la Parole de Dieu. En 1982, il a fondé l'église Centrale de Sanctification Manmin à Séoul en Corée, et d'innombrables œuvres de Dieu, y compris des guérisons miraculeuses et des prodiges ont eu lieu dans son église.

En 1986, le Dr. Lee fut ordonné en tant que pasteur à l'assemblée annuelle de l'église Sungkyul de Jésus en Corée, et quatre ans plus tard, en 1990, ses sermons commencent à être retransmis par la Société de Radiodiffusion d'extrême orient, la Station de Retransmission d'Asie, et le Système de Radio Chrétienne de Washington vers l'Australie, la Russie, les philippines et beaucoup d'autres.

Trois ans plus tard, en 1993, l'église Centrale de Sanctification Manmin fut sélectionnée comme l'une des « 50 premières Eglises au Monde » par le Magazine Monde Chrétien (USA), et il reçut un Doctorat Honoraire en Divinité du Collège Chrétien de la Foi, en Floride USA, et en 1996, un Ph. D. dans le Ministère par le Séminaire Théologique Kingsway, à Iowa, aux USA.

Depuis 1993, le Dr. Lee a pris la tête dans la mission mondiale au travers de nombreuses croisades outremer aux USA, en Tanzanie, en Argentine, en Ouganda, au Japon, au Pakistan, au Kenya, aux Philippines, au Honduras, en Inde, en Russie, en Allemagne et au Pérou, et en 2002, il fut appelé « pasteur mondial » par les principaux journaux Chrétiens en Corée, pour son œuvre dans différentes grandes Croisades de l'Unité.

Depuis Mars 2008, l'église Centrale de Sanctification Manmin est une assemblée de plus de 100.000 membres et 7.800 églises branches en Corée et outremer partout dans le monde, et elle a envoyé plus de 126 missionnaires vers 25 pays, comprenant les Etats-Unis, la Russie, l'Allemagne, le Canada, le Japon, la Chine, la France, l'Inde, le Kenya et de nombreux autres.

A ce jour, le Dr. Lee a écrit 51 livres, parmi lesquels les best-sellers *Goûter à la Vie Eternelle avant la Mort, La Voie du Salut, La Mesure de Foi, Le Ciel I et II* et *Enfer*, et ses œuvres ont été traduites en plus de 25 langues.

Le Dr. Lee est en ce moment président et fondateur d'un nombre d'organisations missionnaires, parmi lesquelles l'Eglise de Sanctification Unifiée de la Corée, le Quotidien d'Evangélisation de la Nation, la Mission Lumière et Sel, Manmin TV, Réseau Global Chrétien (GCN), le Réseau Mondial de Médecins Chrétiens (WCDN), le Séminaire International Manmin (MIS) et la Mission Mondiale Manmin (MWM).

INTRODUCTION

Espérant que cet ouvrage sera un guide individuel qui aidera à mesurer la foi de chacun et conduira un nombre incalculable de gens à la mesure de foi qui plaît à Dieu...

La Mesure de Foi relate les cinq niveaux de foi, depuis la mesure de foi de nourrissons/ nouveaux nés spirituels qui viennent tout juste d'accepter Jésus Christ et ont reçu le Saint Esprit, à la mesure de foi des pères qui connaissent Dieu, Celui qui est depuis le commencement. Au travers de cet ouvrage, chacun peut apprécier la mesure de sa foi personnelle.

Chapitre 1, « Qu'est ce que la Foi ? » définit la foi et explique le type de foi qui plaît à Dieu ainsi que les genres de réponses et de bénédictions qui accompagnent une foi qui est acceptable par Dieu. La Bible classe la foi en deux catégories « la foi charnelle » ou « foi de connaissance », et « la foi spirituelle ». Ce chapitre nous enseigne comment acquérir la foi spirituelle et mener une vie bénie en Christ.

Largement fondé sur 1 Jean 2 :12-14, le Second Chapitre, « La Croissance de la Foi Spirituelle », décrit le processus de croissance de la foi spirituelle en le comparant à la croissance d'un être humain du stade de nouveau né/ nourrisson, d'enfant, de jeune et de père. En d'autres termes, lorsqu'une personne a accepté Jésus Christ, elle grandit spirituellement dans sa foi : de la foi d'un bébé à la foi d'un grand.

Dans le Chapitre 3, « La Mesure de Chaque Foi Individuelle », la mesure de foi de chaque individu est expliquée au travers de la parabole qui parle des œuvres de paille, de foin, de bois, de pierres précieuses, d'argent et d'or qui demeurent après être passées au travers de l'épreuve du feu. Dieu veut que nous atteignions une foi d'or dont les œuvres ne seront jamais brûlées dans aucune épreuve de feu.

Le Chapitre 4, « La Foi pour recevoir le Salut » révèle le plus petit ou plus bas niveau de foi – le premier des cinq niveaux de foi. Avec ce type de foi, on reçoit un salut honteux. Cette mesure de foi est aussi appelée la « foi des nouveaux-nés/ enfants » ou « foi de paille ». Au travers d'exemples détaillés, ce chapitre nous incite à grandir rapidement dans la foi.

Le Chapitre 5, « La Foi pour Essayer de Vivre selon la Parole », nous dit que nous sommes placés au second niveau de foi, lorsque nous essayons, mais ne parvenons pas à obéir à la Parole, et que nous éprouvons la plus grande difficulté à nous accrocher fermement à notre foi dans le Seigneur à ce niveau. Ce Chapitre nous enseigne aussi comment avancer notre foi vers le troisième niveau de foi.

Le Chapitre 6 « La Foi pour Vivre par la Parole » résume le processus bref dans lequel la foi commence au premier niveau, mûrit au second niveau, et continue au début du troisième niveau et croît vers le rocher de la foi où vous aurez atteint plus de 60% du troisième niveau de foi. Ce Chapitre parle aussi de la différence entre le début du troisième niveau et le rocher de la foi, pourquoi nous ne devons pas nous sentir rempli de fardeaux lorsque nous nous tenons fermes sur le rocher de la foi, et l'importance de combattre le péché jusqu'au point de verser le sang.

Le Chapitre 7, « La Foi pour Aimer Dieu à l'Extrême », nous explique les diverses sortes de différences entre les gens au troisième niveau de la foi et ceux du quatrième niveau de foi, en termes d'aimer le Seigneur, et examine aussi les diverses sortes de bénédictions qui viennent sur ceux qui aiment le Seigneur à l'extrême.

Le Chapitre 8, « La Foi pour plaire à Dieu », explique à quoi ressemble le cinquième niveau de foi. Ce chapitre nous dit, qu'afin d'atteindre ce cinquième niveau de foi, nous ne devons pas seulement nous sanctifier totalement comme Enoch, Elie, Abraham ou Moïse, mais aussi être fidèles dans toute la maison de Dieu en accomplissant toutes les tâches que Dieu nous a confiées. De plus, nous devons être parfaits, au point de même donner nos vies pour le Seigneur et posséder la foi de Christ, la foi du Saint Esprit. Finalement, ce Chapitre parle des genres de bénédictions dont nous pouvons espérer jouir lorsque nous faisons plaisir à Dieu au cinquième niveau de foi.

Le chapitre suivant « Les Signes qui Accompagnent Ceux qui Croient », nous dit que si nous atteignons la foi parfaite, notre foi sera accompagnée de signes miraculeux. De plus, nous basant sur la promesse de Jésus dans Marc 16 :17-18, le Chapitre examine de près ces signes un par un. Dans ce Chapitre, l'auteur insiste aussi qu'un prédicateur doit délivrer des messages puissants qui sont accompagnés de signes miraculeux et témoigner du Dieu vivant au travers de ces miracles, afin de donner une foi forte à un nombre incalculable de gens, dans un temps où le monde est rempli de péchés et de méchanceté.

Finalement, le Chapitre 10, « Les Différents lieux de Séjour Célestes et Couronnes » nous apprend qu'il y a un nombre de lieux de séjour dans le royaume des cieux, que chacun peut entrer par la foi, dans un meilleur lieu de séjour, et que la gloire et les récompenses sont très différentes d'un royaume du ciel à un autre. Afin d'aider particulièrement les lecteurs à courir vers un endroit plus élevé dans l'espérance du ciel et la foi, ce Chapitre conclut en décrivant brièvement la beauté et la merveille de la Nouvelle Jérusalem dans laquelle se trouve le trône de Dieu.

Si nous comprenons qu'il y a de notables différences entre les lieux de séjour dans le royaume des cieux et les récompenses, selon la mesure de foi de chaque individu, notre attitude dans notre vie en Christ sera sans aucun doute complètement transformée.

J'espère que chaque lecteur de *La Mesure de Foi* possèdera le type de foi qui plaît à Dieu, recevra tout ce qu'il demande et pourra Le glorifier grandement.

Geumsun Vin
Directrice du Bureau d'Edition

TABLE DES MATIÈRES

Chapitre 1 Qu'est ce que la Foi ? • 1

1. La Définition de la Foi que Dieu accepte
2. La Puissance de la Foi ne connaît aucune Limite
3. La Foi Charnelle et la Foi Spirituelle
4. Pour posséder la Foi Spirituelle

Chapitre 2 La Croissance de la Foi Spirituelle • 29

1. La Foi des Nouveaux-nés/ Nourrissons
2. La Foi des Enfants
3. La Foi des Jeunes
4. La Foi des Pères

Chapitre 3 La Mesure de Chaque Foi Individuelle • 47

1. La Mesure de Foi donnée par Dieu
2. La Mesure différente de la Foi de Chacun
3. La Mesure de Foi testée dans le Feu

Chapitre 4 La Foi pour recevoir le Salut • 63

1. Le Premier niveau de Foi
2. Avez-vous reçu le Saint Esprit ?
3. La Foi du Criminel Repenti
4. N'éteignez pas le Feu du Saint Esprit
5. Adam est-il Sauvé ?

Chapitre 5 La Foi pour Essayer de Vivre selon la Parole • 79

1. Le Second Niveau de Foi
2. L'étape la plus Rude dans la Vie de la Foi
3. La Foi des Israélites pendant l'Exode
4. A moins que vous ne Croyiez et Obéissiez
5. Les Chrétiens Mûrs et Immaturés

Chapitre 6 La Foi pour Vivre par la Parole • 101

1. Le Troisième Niveau de Foi
2. Jusqu'à Atteindre le Rocher de la Foi
3. Se battre contre le Péché jusqu'à verser le Sang

Chapitre 7   La Foi pour Aimer Dieu à l'Extrême • 129

1. Le Quatrième Niveau de Foi
2. Votre âme se Porte bien
3. Aimer Dieu sans Conditions
4. Aimer Dieu plus que toute autre Chose

Chapitre 8   La Foi pour plaire à Dieu • 167

1. Le Cinquième Niveau de Foi
2. La Foi pour Sacrifier Sa propre Vie
3. La Foi pour Manifester les Signes et les Miracles
4. Etre fidèle dans toute la Maison de Dieu

Chapitre 9   Les Signes qui Accompagnent Ceux qui Croient • 203

1. Chasser les Démons au Nom de Jésus Christ
2. Parler de Nouvelles Langues
3. Prendre des Serpents avec vos Mains
4. Aucun poison ne Vous fait de Mal
5. Les Malades sont Guéris par l'Imposition de vos Mains

Chapitre 10 Les Différents lieux de Séjour
 Célestes et Couronnes • 227

1. Le Ciel possédé uniquement par la Foi
2. Le Ciel a Progressé avec Puissance
3. Différents lieux de Séjour et Couronnes

1
Qu'est ce que la Foi ?

1. La Définition de la Foi que Dieu accepte

2. La Puissance de la Foi ne connaît aucune Limite

3. La Foi Charnelle et la Foi Spirituelle

4. Pour posséder la Foi Spirituelle

Or la foi est une ferme assurance des choses qu'on espère, une démonstration de celles qu'on ne voit pas. Pour l'avoir possédée, les anciens ont reçu un témoignage favorable. C'est par la foi que nous connaissons que le monde a été formé par la Parole de Dieu, en sorte que ce qu'on voit n'a pas été fait de choses visibles.

(Hébreux 11 :1-3, Louis Second)

A de nombreuses reprises nous trouvons dans la Bible que ce pourquoi nous ne pourrions pas espérer, a déjà eu lieu et que ce qui est impossible avec la capacité humaine a été réalisé et accompli par la puissance de Dieu.

Moïse a conduit les israélites au travers de la Mer Rouge, en la divisant en deux murs d'eau, et ils l'ont traversée, comme s'ils marchaient sur un sol sec. Josué a détruit la ville de Jéricho en marchant treize fois autour d'elle. Au travers de la prière d'Elie, les cieux ont donné de la pluie après trois années et demi de sécheresse. Pierre a fait qu'un paralytique de naissance se redresse et marche, tandis que l'apôtre Paul a ressuscité un jeune homme qui était tombé du troisième étage et était mort. Jésus a marché sur les eaux, a calmé une mer déchaînée et un vent de tempête, a ouvert les yeux des aveugles, et a rendu à la vie un homme qui avait été enterré dans le tombeau depuis quatre jours.

La puissance de la foi n'est pas mesurable et tout est possible avec elle. Tout comme Jésus nous le dit dans Marc 9 :23, « *Si tu peux ! Tout est possible à celui qui croit,* » vous êtes capables de recevoir quoi que ce soit que vous demandez si vous avez une foi qui est acceptable pour Dieu.

Quel est donc le type de foi que Dieu accepte, et comment pouvez-vous la posséder ?

1. La Définition de la Foi que Dieu accepte

Beaucoup de gens aujourd'hui proclament qu'ils croient dans le Dieu tout puissant, mais ils ne reçoivent pas Ses réponses à leurs prières parce qu'ils n'ont pas la foi véritable. Hébreux 11 :6 dit, « *Or, sans la foi, il est impossible de Lui être agréable ; car il faut que celui qui s'approche de Dieu croie que Dieu existe et qu'Il est le rémunérateur de ceux qui le cherchent.* » Dieu nous dit explicitement que nous devons lui être agréable par une foi véritable.

Rien n'est impossible si vous avez la foi parfaite, parce que la foi est le fondement d'une bonne vie Chrétienne et la clé des réponses et des bénédictions de Dieu. Il y a cependant tant de gens qui ne peuvent pas jouir de Ses bénédictions et recevoir le salut, parce qu'ils ne Le connaissent pas et ne possèdent pas la foi véritable.

La foi est la ferme assurance des choses qu'on espère, la démonstration de celles qu'on ne voit pas

Quelle est donc la foi que Dieu accepte ? *Le Dictionnaire Webster du Collège du Nouveau Monde* définit la « foi » en tant que « une croyance sans conditions qui n'a pas besoin de preuves » ou « une croyance sans conditions en Dieu, les principes religieux, etc. » La foi est pistis en Grec, ce qui signifie « être ferme ou fidèle ». Elle est définie dans Hébreux 11 :1 comme suit « *or la foi est une ferme assurance des choses qu'on espère, une démonstration de celles qu'on ne voit pas* » (version Louis Second).

« La ferme assurance des choses qu'on espère » se réfère à ce que nous espérons voir apparaître comme une réalité, parce que nous en sommes certains, comme si cela était déjà accompli. Par exemple, que désire le plus une personne malade qui souffre d'une grande douleur ? Son désir est naturellement d'être guéri de sa maladie et de recouvrer une bonne santé, et il devrait avoir une foi suffisante pour être persuadé de sa guérison. En d'autres termes, la bonne santé devient une réalité pour lui s'il a une foi parfaite.

Ensuite, « la démonstration de celles qu'on ne voit pas » se réfère à des éléments ou des faits dont nous sommes, avec la foi spirituelle, certains, alors qu'en réalité tout n'est pas visible avec nos yeux humains.

Pour cela, la foi vous permet de croire que Dieu crée toutes choses au départ de rien. Les précurseurs de la foi ont reçu « la ferme assurance des choses qu'ils espéraient » comme une réalité par la foi, et « la démonstration de celles qu'ils ne voyaient pas » comme des objets et des événements tangibles. Ils ont expérimenté de cette manière la puissance de Dieu qui crée quelque chose au départ de rien.

De la même manière dont ont agi les précurseurs de la foi, ceux qui croient que Dieu crée toutes choses au départ de rien sont capables de croire qu'Il a créé, au commencement, toutes choses, les cieux et la terre par Sa parole. Il est vrai que personne n'a été témoin de ses propres yeux, de Sa création des cieux et de la terre, parce qu'elle eut lieu avant la création de l'homme. Cependant, les gens de foi ne doutent jamais de ce que Dieu a créé toutes choses au départ de rien, parce qu'ils croient.

Pour cela, Hébreux 11 :3 nous rappelle, « *c'est par la foi que nous reconnaissons que le monde a été formé par la parole de Dieu, en sorte que ce qu'on voit n'a pas été fait de choses visibles.* » Lorsque Dieu a dit, « *que la lumière soit,* » la lumière fut (Genèse 1 :3). Lorsque Dieu dit, « *Que la terre produise de la verdure, de l'herbe portant de la semence, des arbres fruitiers donnant des fruits selon leur espèce et ayant en eux leur semence sur la terre,* » tout se passa comme Dieu l'avait ordonné (Genèse 1 :11).

Toutes choses dans l'univers que nous pouvons voir de nos yeux nus, n'ont été faites d'aucun matériau visible. Malgré cela, de nombreuses personnes croient que toutes choses ont été faites avec des choses visibles, mais ne croient pas que Dieu les a créées au départ de rien. Ces gens n'ont jamais appris, vu ou entendu que quelque chose pouvait être créé au départ de rien.

Des actes d'obéissance sont l'évidence de la foi

De manière à ce que vous puissiez espérer en ce qui n'est pas possible et en faire une réalité, vous devez avoir l'évidence de la foi que Dieu approuve. En d'autres termes, vous devez montrer l'évidence d'obéir à la Parole de Dieu, par ce vous avez confiance en Sa Parole. Hébreux 11 :4-7 mentionne les précurseurs de la foi qui ont été déclarés justes par leur foi, parce qu'ils avaient démontré des preuves évidentes de leur foi : Abel fut déclaré un homme juste parce qu'il a offert à Dieu un sacrifice de sang qui était acceptable à Dieu ; Enoch fut déclaré quelqu'un qui Lui a plu, parce qu'il était totalement sanctifié ; et Noé devint héritier de la justice en construisant l'arche du salut par la foi.

Examinons l'histoire de Caïn et Abel dans Genèse 4 :1-15, afin de comprendre la foi véritable qui est acceptable à Dieu. Caïn et Abel étaient les deux fils auxquels Adam et Eve donnèrent naissance sur la terre, après qu'ils aient été chassés du Jardin d'Eden à cause de leur désobéissance au commandement de Dieu, *« tu ne mangeras pas de l'arbre de la connaissance du bien et du mal » (Genèse 2 :16-17).*

Adam et Eve ont regretté leur désobéissance parce qu'ils ont pu expérimenter la douleur du travail à la sueur de leur front, et les accouchements plus douloureux sur cette terre maudite. Adam et Eve ont sûrement appris avec insistance l'importance de l'obéissance à Caïn et Abel. Ils ont sûrement appris à Caïn et Abel qu'ils devaient vivre conformément à la Parole de Dieu, et insisté sur le fait qu'ils ne devaient jamais désobéir à Ses commandements.

De plus, les parents ont dû dire à leurs enfants qu'ils devaient prendre un animal comme offrande et offrir à Dieu le sacrifice du sang comme pardon pour leurs péchés. Caïn et Abel savaient donc qu'ils devaient offrir à Dieu un sacrifice de sang pour le pardon de leurs péchés.

Après qu'une longue période de temps fut passée, Caïn a trahi Dieu comme sa mère Eve avait désobéi à la Parole de Dieu. Il était fermier et donna une offrande de graines de la terre qu'il semait. Abel quant à lui, était berger et a offert un premier né de son troupeau et ses parties grasses, de la manière dont Dieu le lui avait commandé au travers de ses parents. Dieu accepta le sacrifice d'Abel, mais pas celui de Caïn qui avait désobéi à Son commandement. Le résultat fut qu'Abel fut appelé « homme juste » (Hébreux 11 :4).

Cette histoire de Caïn et Abel nous enseigne que Dieu vous fait confiance et vous approuve dans la mesure où vous faites confiance à Sa Parole et lui obéissez ; les histoires d'Enoch et de Moïse confirment aussi ce fait.

L'évidence de la foi est constituée d'actes d'obéissance. Pour cela, vous devez vous souvenir que Dieu vous approuve et vous réassure lorsque vous Lui montrez l'évidence de votre foi et que vous obéissez à Sa Parole avec des oeuvres en toutes occasions et que vous Lui obéissez en toutes circonstances.

La foi apporte les réponses et les bénédictions

De cette manière, vous devez suivre le chemin de la Parole de Dieu, afin que vous puissiez commencer par « ce pour quoi vous avez de l'espérance » par la foi, et que vous puissiez arriver à « la ferme assurance de ce que vous espérez ». Si vous ne suivez pas le chemin de Dieu, tout comme Caïn a choisi un chemin de traverse, sur base du fait que le chemin est laborieux ou difficile à supporter pour vous, vous ne pouvez pas recevoir les réponses et les bénédictions de Dieu, selon la loi du monde spirituel.

Hébreux 11 :8-19 nous parle en détails de la manière dont Abraham a démontré ses œuvres d'obéissance à la

Parole de Dieu en tant qu'évidences de sa foi. Il a quitté son propre pays avec foi comme Dieu le lui ordonnait. Même lorsque Dieu lui a demandé de Lui offrir en sacrifice, son propre fils bien-aimé Isaac, que Dieu lui avait donné à l'âge de 100 ans, Abraham a obéi instantanément, parce qu'il croyait que Dieu serait capable de ressusciter son fils des morts. Il a reçu de grandes réponses et bénédictions de Dieu, parce que sa foi fut approuvée par ses œuvres d'obéissance.

L'ange de l'Eternel appela une seconde fois Abraham des cieux, et dit : Je le jure par Moi-même, Parole de l'Eternel, parce que tu as fait cela, et que tu n'as pas refusé ton fils, ton unique, Je te bénirai et Je multiplierai ta postérité, comme les étoiles du ciel et comme le sable qui est sur le bord de la mer ; et ta postérité possèdera la porte de ses ennemis. Toutes les nations de la terre seront bénies en ta postérité, parce que tu as obéi à Ma voix (Genèse 22 :15-18).

De plus, nous trouvons dans Genèse 24 :1 que « *Abraham était vieux, avancé en âge ; et l'Eternel avait béni Abraham en toute chose* ». Jacques 2 :23 nous rappelle aussi que « *Ainsi s'accomplit ce que dit l'Ecriture : Abraham crut à Dieu et cela lui fut imputé à justice ; et il fut appelé ami de Dieu* ».

En plus de cela, Abraham fut grandement béni dans

toutes ses voies parce qu'il a fait confiance à Dieu qui contrôle toutes choses de la vie et de la mort, des bénédictions et des malédictions, et Lui a remis toutes choses. De la même manière vous serez capables de vous réjouir des bénédictions de Dieu dans toutes vos voies et de recevoir des réponses à tout ce que vous demandez, lorsque vous comprenez la correcte définition de la foi et que vous démontrez l'évidence de votre foi par des œuvres d'une parfaite obéissance, de la même manière qu'Abraham l'a fait tant de fois.

2. La Puissance de la Foi ne connaît aucune Limite

Vous pouvez avoir communion avec Dieu par la foi, parce que la foi est comme la première porte du niveau spirituel dans le monde à quatre dimensions. Uniquement lorsque vous traversez la première porte vos oreilles spirituelles peuvent s'ouvrir afin que vous puissiez entendre la Parole de Dieu, et vos yeux spirituels peuvent s'ouvrir afin que vous puissiez voir le monde spirituel.

La conséquence en sera que vous allez vivre par la Parole de Dieu, recevoir quoi que ce soit que vous demandez avec foi et vivre joyeusement, avec l'espérance du royaume des cieux. De plus, lorsque votre cœur est rempli de joie et de reconnaissance et que l'espérance du ciel déborde dans votre vie, vous allez aimer Dieu plus que toute autre chose et chercher à Lui plaire.

Alors, le monde ne sera plus digne de vous et de votre

foi, parce que non seulement vous deviendrez le témoin du Seigneur par la puissance qui vous est donnée par le Saint Esprit, mais aussi vous serez fidèles jusqu'à la mort et aimerez Dieu de toute votre vie, de la manière dont l'apôtre Paul l'a fait.

Le monde n'est pas digne de la puissance de la foi

En décrivant la puissance de la foi, Hébreux 11 :33-38 illustre la foi des précurseurs,

> *Qui par la foi vainquirent des royaumes, exercèrent la justice, obtinrent des promesses, fermèrent la gueule des lions, éteignirent la puissance du feu, échappèrent au tranchant de l'épée, guérirent de leurs maladies, furent vaillants à la guerre, mirent en fuite des armées étrangères. Des femmes recouvrèrent leurs morts par la résurrection ; d'autres furent livrés aux tourments et n'acceptèrent point de délivrance, afin d'obtenir une meilleure résurrection ; d'autres subirent les moqueries et le fouet, les chaînes et la prison ; ils furent sciés, lapidés, torturés ; ils moururent tués par l'épée ; ils allèrent çà et là vêtus de peaux de brebis et de peaux de chèvres, dénués de tout, persécutés, maltraités – eux dont le monde n'était pas digne –*

Les gens dont le monde n'est pas digne de la foi peuvent abandonner non seulement leurs honneurs terrestres et leur prospérité, mais aussi leur vie. Tout comme 1 Jean 4 :18 dit « *la crainte n'est pas dans l'amour, mais l'amour parfait bannit la crainte ; car la crainte suppose un châtiment, et celui qui craint n'est pas parfait dans l'amour* », la crainte doit vous quitter selon la mesure de votre foi.

Ce qui est impossible à la force humaine devient possible avec la puissance de Dieu. Un de Ses prophètes Elie a témoigné du Dieu vivant en faisant descendre le feu du ciel. Elisée a sauvé son pays en découvrant, sous l'inspiration du Saint Esprit, où le camp de l'ennemi était situé. Daniel a survécu dans la fosse aux lions affamés.

Dans le Nouveau Testament, il y a eu de nombreuses personnes qui ont donné leur propre vie pour l'évangile du Seigneur. Jacques, l'un des douze disciples de Jésus notre Seigneur, devint le premier martyr parmi eux lorsqu'il fut tué par l'épée. Pierre, le premier disciple de Jésus Christ, fut crucifié la tête en bas. Dans son grand amour pour le Seigneur, l'apôtre Paul fut joyeux et reconnaissant au Seigneur même dans la prison, malgré qu'il ait été pratiquement battu à mort à de nombreuses reprises. Il fut finalement décapité et devint un grand martyr pour le Seigneur.

De plus, un nombre incalculable de chrétiens furent dévorés par les lions dans le Colisée de Rome ou ont dû vivre dans les catacombes sans pouvoir voir la lumière du jour jusqu'à leur mort en raison des sévères persécutions de l'Empire Romain. L'apôtre Paul s'est accroché fermement à sa foi dans toutes les circonstances et a vaincu le monde avec une grande foi. Il pouvait donc confesser, « *Qui nous séparera de l'amour de Christ ? Sera-ce la tribulation ou l'angoisse ou la persécution ou la faim ou la nudité ou le péril ou l'épée ? » (Romains 8 :35).*

La foi donne des réponses à tout problème

Il y avait un incident dans lequel Jésus a vu la foi d'un paralytique et de ses amis, et lui dit dans Marc 2 *« Mon enfant, tes péchés sont pardonnés »*, et le paralytique fut instantanément guéri. Lorsque les gens apprirent que Jésus était à Capernaüm, beaucoup d'entre eux se réunirent et il n'y avait plus de place, même à l'extérieur de la porte. Le paralytique, porté par ses quatre amis ne pouvait pas s'approcher pour rencontrer Jésus à cause de la foule, c'est pourquoi, ses amis firent un trou dans le toit au dessus de Jésus, et après l'avoir creusé, ils descendirent le lit sur lequel leur ami paralysé était couché. Jésus considéra leur travail comme une évidence de foi et pardonna au paralytique ses péchés en disant *« Mon enfant, tes péchés sont pardonnés » (V5)*.

Cependant, certains scribes étaient assis là sceptiques et ils se disaient entre eux *« Comment cet homme parle-t-Il ainsi ? Il blasphème. Qui peut pardonner les péchés si ce n'est Dieu seul ? »*. A eux Jésus déclara :

Pourquoi avez-vous de telles pensées dans vos cœurs ? Lequel est le plus aisé de dire au paralytique ; tes péchés te sont pardonnés, ou de dire : Lève-toi, prends ton lit et marche ? Or, afin que vous sachiez que le Fils de l'homme a sur la terre le pouvoir de pardonner les péchés » (V8-9).

Jésus ordonna alors au paralytique *« Je te l'ordonne, lève-toi, prends ton lit, et va dans ta maison ».* L'homme qui avait été paralysé se leva, prit son lit et sortit de la maison à la vue de tous les gens qui se trouvaient dans la maison et en dehors. Ils furent dans l'étonnement et glorifièrent Dieu en disant *« nous n'avons jamais vu rien de pareil » (V10-12).*

Cette histoire nous dit que tous les problèmes de notre vie peuvent être résolus lorsque nos péchés sont pardonnés par la foi. C'est parce qu'il y a deux mille ans, Jésus notre Sauveur a ouvert le chemin du salut en nous rachetant de toute espèce de problème dans la vie, tels que le péché, la mort, la pauvreté, les maladies et tout le reste (Pour plus à propos de ceci, référez vous je vous prie au *La Voie du Salut*).

Vous pouvez recevoir tout ce que vous demandez si vos péchés de ne pas avoir vécu selon la Parole de Dieu sont pardonnés. Il vous promet dans 1 Jean 3 :21-22 *« Bien-aimés, si notre cœur ne nous condamne pas, nous avons de l'assurance devant Dieu. Quoique ce soit que nous demandions, nous le recevons de Lui, parce que nous gardons Ses commandements et que nous faisons ce qui Lui est agréable ».* Dans ce sens, les gens qui n'ont pas de mur de péchés contre Dieu, peuvent Lui demander avec assurance et recevoir tout ce qu'ils demandent.

C'est pourquoi dans Matthieu 6, Jésus insiste sur le fait que vous ne devez pas vous soucier de ce que vous porterez ou de ce que vous mangerez et ou vous vivrez, mais au contraire que vous devez chercher premièrement le royaume de Dieu et sa justice :

> *C'est pourquoi, je vous dis : ne vous inquiétez pas pour votre vie de ce que vous mangerez, ni pour votre corps de quoi vous serez vêtus. La vie n'est elle pas plus que la nourriture et le corps plus que le vêtement ? Regardez les oiseaux du ciel ; ils ne sèment ni ne moissonnent et ils n'amassent rien dans des greniers ; et votre Père céleste les nourrit. Ne valez-vous pas beaucoup plus qu'eux ? Qui de vous par ses inquiétudes peut rajouter une coudée à la durée de sa vie ? Et pourquoi vous inquiéter au sujet du vêtement ? Considérez comment croissent les lis des champs ; ils ne travaillent ni ne filent ; cependant, Je vous dis que Salomon même, dans toute sa gloire, n'a pas été vêtu comme l'un d'eux. Si Dieu revêt ainsi l'herbe des champs, qui existe aujourd'hui, et qui demain sera jetée au four, ne vous vêtira-t-Il pas à plus forte raison, gens de peu de foi ? Ne vous inquiétez donc point, et ne dites pas : que mangerons-nous ? Que boirons-nous ? De quoi nous vêtirons-nous ? Car toutes ces choses, ce sont les païens qui les recherchent. Votre Père céleste sait que vous en avez besoin. Cherchez premièrement le royaume des cieux et la justice de*

Dieu ; et toutes ces choses vous seront données par-dessus (V25-33).

Si vous croyez véritablement à la Parole de Dieu, vous chercherez d'abord Son royaume et Sa justice. Les promesses de Dieu sont dignes de confiance, comme des chèques certifiés, et Il ajoute tout ce dont vous avez besoin, selon Sa promesse, afin que non seulement vous possédiez le salut et la vie éternelle, mais aussi que vous prospériez dans tout ce que vous entreprenez dans la vie.

La foi contrôle même les phénomènes naturels

Au travers de Matthieu 8 :23-27, nous apprenons au sujet de la puissance de la foi qui nous protège de tout temps ou climat dangereux, et qui nous permet de les contrôler. Toutes choses sont en effet possibles à celui qui croit.

Il monta dans la barque, et Ses disciples le suivirent. Et voici, il s'éleva sur la mer une si grande tempête que la barque était couverte par les flots. Et Lui, Il dormait. Les disciples s'étant approché, Le réveillèrent et dirent : Seigneur, sauve-nous, nous périssons ! (V25) Il leur dit : pourquoi avez-vous peur, gens de peu de foi ? Alors, Il se leva, menaça les vents et la mer, et il y eut un grand calme. Ces hommes furent saisis d'étonnement ; quel est celui-ci disaient-ils, à qui obéissent même les vents et la mer ? (V26-27).

Cette histoire nous dit que nous ne devons pas avoir peur d'une tempête furieuse ou des vagues, mais que nous pouvons même contrôler de tels phénomènes uniquement si nous avons la foi. Si nous pouvons expérimenter la puissante force de la foi qui peut contrôler le temps et le climat, nous devons atteindre la pleine assurance d'une foi comme celle de Jésus avec qui toutes choses sont possibles. C'est pourquoi Hébreux 10 :22 nous rappelle *« approchons-nous avec un cœur sincère, dans la plénitude de la foi, les cœurs purifiés d'une mauvaise conscience, et le corps lavé d'une eau pure »*

La Bible nous dit que nous pouvons recevoir des réponses à tout ce que nous demandons, et que nous pouvons faire de plus grandes œuvres que Jésus, si nous avons la pleine assurance de la foi.

En vérité, en vérité, Je vous le dis, celui qui croit en Moi fera aussi les œuvres que Je fais, et il en fera de plus grandes, parce que Je m'en vais au Père ; et tout ce que vous demanderez en Mon nom, Je le ferai, afin que le Père soit glorifié dans le Fils (Jean 14 :12-13).

Vous devez donc comprendre que la puissance de la foi est très grande, et vous devez atteindre le type de foi que Dieu demande et qui Lui est agréable. A ce moment là uniquement, vous recevrez non seulement des réponses à tout ce que vous demandez, mais vous ferez aussi des oeuvres plus grandes que Jésus.

3. La Foi Charnelle et la Foi Spirituelle

Lorsque Jésus répondit à un centurion qui venait vers Lui avec foi « *Va, qu'il te soit fait selon ta foi* », le serviteur du centurion fut instantanément guéri (Matthieu 8 :13). De cette manière, la foi véritable est immédiatement suivie des réponses de Dieu. Alors comment est il possible que tant de personnes soient incapables de recevoir des réponses à leurs prières malgré le fait qu'ils proclament croire au Seigneur ?

C'est parce qu'il y a une foi spirituelle au travers de laquelle vous pouvez avoir une communion avec Dieu et recevoir Ses réponses, et une foi charnelle au travers de laquelle vous ne pouvez recevoir aucune réponse, parce qu'elle n'a rien à voir avec Lui. Examinons donc la différence entre les deux espèces de foi.

La foi charnelle est une foi de connaissance

La « foi charnelle » se réfère au type de foi par lequel vous pouvez croire en quelque chose parce que vous pouvez le voir de vos yeux et que c'est en accord avec vos propres connaissances ou sens commun. Ce type de foi est souvent appelé « foi de connaissance » ou « foi agréable à la raison ».

Par exemple, ceux qui non seulement ont vu le procédé

industriel de fabrication d'un bureau en bois, mais qui en ont entendu parler croiront sans aucun doute lorsqu'on leur dira « un bureau est fait en bois ». N'importe qui peut avoir ce genre de foi parce qu'il croit que quelque chose est fait de quelque chose. Cela revient à dire que les gens pensent toujours que des choses visibles sont nécessaires pour faire quelque chose d'autre.

Les gens font entrer et stockent de la connaissance dans les cellules de mémoire de leurs cerveaux à partir du moment où ils naissent. Ils mémorisent ce qu'ils voient, ce qu'ils entendent et ce qu'ils apprennent de leurs parents, proches, voisins ou à l'école et ils utilisent cette connaissance mémorisée dans leur cerveau lorsqu'ils en ont besoin.

Parmi la connaissance stockée, il y a de nombreuses inexactitudes qui sont opposées à la Parole de Dieu. Sa Parole est la vérité qui ne change jamais, mais beaucoup de nos connaissances sont des inexactitudes qui changent avec le temps. Cependant, les gens regardent des inexactitudes comme des vérités parce que qu'ils ne savent pas exactement ce qu'est la vérité. Par exemple, les gens considèrent comme vraie la théorie de l'évolution parce que c'est ce qui leur a été enseigné à l'école. Ils ne croient donc pas que quelque chose peut être créé au départ de rien.

La foi charnelle est une foi morte sans les œuvres

Tout d'abord, les gens qui ont une foi charnelle ne peuvent pas accepter que Dieu a créé quelque chose au départ de rien, et cela même s'ils vont à l'église et écoutent la Parole de Dieu, parce que la connaissance qu'ils ont obtenue depuis leur naissance est contraire à Sa Parole. Ils ne croient pas aux miracles mentionnés dans la Bible. Ils croient la Parole de Dieu, lorsqu'ils sont remplis de Saint Esprit et de grâce, mais commencent à douter dès qu'ils perdent cette grâce. Ils commencent même à croire que les réponses qu'ils ont reçues de Dieu sont l'effet du hasard.

Simultanément, les gens qui ont une foi charnelle ont des conflits dans leurs cœurs, et ils ne confessent pas du fond de leur cœur, malgré que de leurs lèvres ils proclament croire. Ils ne peuvent avoir de communion avec Dieu, ni être aimés de Lui parce qu'ils ne vivent pas par Sa Parole.

Voici un exemple clair et précis, il est bon de se venger d'un ennemi, mais la Bible nous enseigne que nous devons aimer nos ennemis et tendre notre joue gauche lorsque quelqu'un frappe notre joue droite. Une personne qui a une foi charnelle doit frapper en retour pour se sentir content lorsque quelqu'un le frappe. Comme il a vécu toute sa vie de cette manière, il est bien plus facile pour lui de haïr, d'envier ou de jalouser les autres. C'est aussi un fardeau pour lui de vivre par la Parole de Dieu et il ne peut vivre dans la reconnaissance et la joie, parce que ce n'est pas en accord avec ses pensées.

Tout comme nous le voyons dans Jacques 2 :26, « *Comme le corps sans âme est mort, de même la foi sans les œuvres est morte.* » La foi charnelle est une foi morte sans les œuvres. Les gens qui ont une foi charnelle ne peuvent recevoir ni leur salut, ni les réponses de Dieu. Jésus nous dit à propos de ceci, « *Ceux qui me disent Seigneur Seigneur, n'entreront pas tous dans le Royaume des cieux, mais celui-là seul, qui fait la volonté de Mon Père qui est dans les cieux* » *(Matthieu 7 :21)*.

Dieu accepte la foi spirituelle

La foi spirituelle est donnée lorsque vous croyez, même si vous ne pouvez rien voir avec vos yeux naturels ou que quelque chose n'est pas en accord avec votre connaissance ou votre pensée. Il s'agit de croire que Dieu a créé quelque chose au départ de rien.

Les gens avec une foi spirituelle croient sans douter que Dieu a créé la terre et les cieux par Sa Parole et qu'Il a formé l'homme dans la poussière du sol. La foi spirituelle n'est pas quelque chose que vous pouvez posséder parce que vous le voulez ; elle est donnée exclusivement par Dieu. Les gens qui possèdent la foi spirituelle croient sans aucun doute aux miracles relatés dans la Bible, et il n'est donc pas difficile pour eux de vivre selon la Parole de Dieu et ils reçoivent des réponses à tout ce qu'ils demandent avec foi.

Dieu accepte la foi spirituelle accompagnée d'œuvres et par elle, vous pouvez être sauvés, aller au ciel et recevoir les réponses à vos prières.

La foi spirituelle est une « foi vivante » accompagnée d'œuvres

Lorsque vous avez la foi spirituelle, Dieu vous accepte

et garantit votre vie par Ses réponses et Ses bénédictions. Prenons l'exemple de deux fermiers qui travaillent sur les terres de leur maître. Dans les mêmes conditions, l'un moissonne cinq sacs de riz et l'autre trois sacs. Duquel de ces fermiers le maître se réjouira-t-il le plus. Le fermier qui a moissonné cinq sacs sera naturellement plus agréable et dans la faveur du maître.

Les deux fermiers ont moissonné différemment sur la même terre, selon leurs efforts. Le fermier qui a moissonné cinq sacs a dû désherber avec diligence et arroser fréquemment la récolte avec beaucoup de sueur. Au contraire, l'autre fermier n'a pas pu moissonner plus de trois sacs, parce qu'il était paresseux et a négligé son travail.

Dieu juge chaque personne selon son fruit. Uniquement lorsque vous montrez votre foi avec les œuvres, Il la considèrera comme une foi spirituelle et Il vous bénira.

La nuit où Jésus fut arrêté, un de Ses disciples, Pierre Lui dit, *« Quand Tu serais pour tous une occasion de chute, Tu ne le seras jamais pour moi. » Matthieu 26 :33*. Jésus lui répondit néanmoins, *« Je te le dis en vérité, cette nuit même, avant que le coq chante, tu Me renieras trois fois »*. Pierre confessait de tout son cœur, mais Jésus savait que Pierre le trahirait lorsque sa vie serait menacée.

Pierre n'avait pas encore reçu le Saint Esprit et est arrivé à renier Jésus trois fois lorsque sa vie était en danger après l'arrestation de Jésus. Pierre fut cependant totalement transformé après qu'il eut reçu le Saint Esprit. Sa foi de connaissance s'est transformée en foi spirituelle et il devint un apôtre puissant pour courageusement prêcher l'évangile. Il a marché sur le chemin de la justice jusqu'à ce qu'il fut crucifié la tête en bas.

Vous êtes donc capables de faire confiance et d'obéir à Dieu dans toutes les situations lorsque vous possédez la foi spirituelle. Afin de posséder la foi spirituelle, vous devez tendre à obéir minutieusement à la Parole de Dieu et obtenir un cœur qui ne change pas. Au travers d'une foi spirituelle vivante, accompagnée d'œuvres, vous pouvez recevoir le salut et la vie éternelle, être transformé en un homme de vérité parfaite, et jouir de merveilleuses bénédictions spirituelles et physiques.

Avec une foi charnelle, morte, sans œuvres cependant, vous ne pouvez recevoir ni le salut, ni les réponses de Dieu, et cela nonobstant la force de vos efforts et la durée de votre présence à l'église.

4. Pour posséder la Foi Spirituelle

Comment pouvez vous transformer votre foi charnelle en foi spirituelle et faire de « ce que vous espérez » une réalité, et de « ce que vous ne voyez pas », une évidence visible ? Que devez vous faire pour posséder la foi ?

Rejeter les pensées charnelles et les théories

Beaucoup de votre connaissance que vous avez acquise depuis votre naissance vous empêche d'atteindre la foi spirituelle parce qu'elle est opposée à la Parole de Dieu. Par exemple, une théorie comme celle de l'évolution nie la création de l'univers par Dieu. Le résultat en est que les adeptes de la théorie de l'évolution ne peuvent pas croire que Dieu peut créer quelque chose au départ de rien. Comment peuvent-ils croire « *Au commencement Dieu créa les cieux et la terre* » *(Genèse 1 :1)* ?

Donc, afin de posséder la foi spirituelle, vous devez démolir toute espèce de pensée ou de théorie qui s'oppose à la Parole de Dieu, telle que la théorie de l'évolution qui vous empêche de croire Sa Parole de la Bible. A moins que vous ne vous débarrassiez de toute pensée et théorie qui s'opposent à Sa Parole, vous ne pouvez pas croire la Parole de Dieu écrite dans la Bible, peu importe vos efforts pour la croire.

De plus, peu importe votre zèle pour aller à l'église et assister aux services, vous ne pouvez avoir de foi spirituelle. C'est pourquoi tant de gens sont si éloignés du chemin du salut et ne reçoivent pas les réponses de Dieu à leurs prières et ce malgré qu'ils vont régulièrement à l'église.

L'apôtre Paul n'avait qu'une foi charnelle avant qu'il ne rencontre le Seigneur Jésus dans une vision sur le chemin de Damas. Il n'avait pas reconnu Jésus en tant que Sauveur de tous les hommes, mais au contraire emprisonnait et persécutait beaucoup de chrétiens.

C'est pourquoi vous devez enlever toute pensée et théorie qui s'oppose à la Parole de Dieu de manière à transformer votre foi charnelle en foi spirituelle. Au travers de l'apôtre Paul, Dieu nous rappelle ainsi :

> *Car les armes avec lesquelles nous combattons ne sont pas charnelles ; mais elles sont puissantes par la vertu de Dieu, pour renverser des forteresses. Nous renversons les raisonnements et toute hauteur qui s'élève contre la connaissance de Dieu, et nous amenons toute pensée captive à l'obéissance de Christ. Nous sommes prêts aussi à punir toute désobéissance, lorsque votre obéissance sera complète (2 Corinthiens 10 :4-6).*

Paul a pu devenir un grand prédicateur de l'évangile uniquement après qu'il ait possédé la foi spirituelle en démolissant toute sorte de pensée, théorie et argument qui s'opposaient à Dieu. Il prit la direction de l'évangélisation des gentils et devint une pierre angulaire de la mission mondiale. A la fin, Paul fut capable de faire une confession hardie comme celle-ci :

> *Mais ces choses qui étaient pour moi des gains, je les ai regardées comme une perte, à cause de Christ. Et même, je regarde toutes choses comme une perte, à cause de l'excellence de la connaissance de Jésus Christ mon Seigneur, pour lequel j'ai renoncé à tout, et je les regarde comme de la boue, afin de gagner Christ, et d'être trouvé en Lui, non avec ma justice, celle qui vient de la loi, mais avec celle qui provient de la foi en Christ,*

la justice qui vient de Dieu par la foi (Philippiens 3 :7-9).

Apprendre la Parole de Dieu avec diligence

Romains 10 :17 nous enseigne : « *la foi vient de ce qu'on entend, et ce qu'on entend vient de la parole de Christ* ». Vous devez écouter la Parole de Dieu et l'apprendre ; si vous ne connaissez pas la Parole de Dieu, vous ne pouvez pas vivre selon elle. Si vous n'agissez pas conformément à la Parole de Dieu, mais que vous vous contentez de la stocker comme connaissance, Il ne peut vous donner la foi spirituelle, parce que vous pourriez devenir fier de votre connaissance.

Supposons qu'il y ait une fille qui espère devenir une pianiste de renommée. Peu importe combien de fois elle lit des livres et apprend des théories, elle ne peut devenir une grande pianiste sans pratique. De la même manière, à moins que vous n'obéissiez à la Parole de Dieu, peu importe la constance avec laquelle vous la lisez, l'apprenez ou l'écoutez. Vous ne pouvez obtenir la foi spirituelle que si vous agissez selon la Parole de Dieu.

Obéir à la Parole de Dieu

Pour cela, vous devez croire au Dieu vivant et garder Sa Parole en toutes circonstances. Si vous croyez Sa Parole, sans douter après l'avoir entendue, vous allez commencer à lui obéir. Le résultat est que vous pouvez avoir de l'assurance dans votre cœur parce que la Parole de Dieu est réellement accomplie. Après cela, vous allez d'autant plus lutter pour vivre par la Parole de Dieu.

En répétant ce processus, vous pouvez recevoir une foi qui vous permet d'obéir parfaitement à la Parole et Sa grâce et Sa force viendront sur vous. Vous serez remplis par le Saint Esprit et tout ira bien pour vous.

Au temps de l'Exode, il y avait au moins six cent milles hommes israélites de 20 ans et plus. Finalement, seuls deux d'entre eux – Josué et Caleb – purent entrer dans la terre promise de Canaan. A part ces deux là, aucun autre ne fit confiance aux promesses de Dieu de tout son cœur et Lui a obéi.

Dans Nombres 14 :11, Dieu dit à Moïse *« Jusqu'à quand ce peuple Me méprisera-t-il ? Jusqu'à quand ne croira-t-il pas en Moi, malgré tous les prodiges que j'ai faits au milieu de lui ? »*

Ils connaissaient bien Dieu, parce qu'ils avaient expérimenté Sa puissance qui a provoqué les dix plaies en Egypte et séparé la mer rouge en deux parties, et ils pensaient qu'ils Le croyaient. Ils ont expérimenté la conduite de Dieu et Sa présence par une colonne de feu la nuit et une colonne de nuée la journée et ils ont mangé chaque jour la manne qui tombait du ciel.

Malgré cela, lorsque Dieu leur a ordonné d'entrer dans le pays de Canaan, ils ne Lui ont pas obéi parce qu'ils avaient peur ces cananéens. Au contraire ils se sont plaint et se sont opposés à Moïse et Aaron. C'est parce qu'ils n'avaient pas de foi spirituelle pour obéir à Dieu, et ce malgré qu'ils avaient de la foi charnelle après avoir vu et entendu à de maintes reprises les miraculeuses œuvres de la puissance de Dieu.

Afin de posséder la foi spirituelle, vous devez croire Dieu et obéir à Sa Parole en toutes occasions. Si vous L'aimez vraiment, vous Lui obéirez, et en retour, Il répondra à vos prières et finalement vous conduira à la vie éternelle.

Romans 10 :9-10 nous rappelle : « *Si tu confesses de ta bouche le Seigneur Jésus, et si tu crois dans ton cœur que Dieu l'a ressuscité des morts, tu seras sauvé. Car, c'est en croyant du cœur qu'on parvient à la justice et c'est en confessant de la bouche qu'on parvient au salut* »

« Croire dans son cœur » ne se réfère pas à la foi de la connaissance, mais à la foi spirituelle par laquelle vous croyez quelque chose, sans aucun doute dans votre cœur. Ceux qui croient la Parole de Dieu dans leurs cœurs lui obéissent, deviennent justes et graduellement ressemblent au Seigneur. Leur confession « Je crois au Seigneur » est vraie et ils reçoivent le salut.

Puissiez-vous posséder la foi spirituelle accompagnée d'œuvres pour obéir à la Parole de Dieu, au nom du Seigneur Jésus Christ, je prie ! Alors vous pouvez lui être agréable et jouir d'une vie remplie de Sa puissance par laquelle toutes choses sont possibles.

2

La Croissance de la Foi Spirituelle

1. La Foi des Nouveaux-nés/ Nourrissons
2. La Foi des Enfants
3. La Foi des Jeunes
4. La Foi des Pères

Je vous écris petits enfants, parce que vos péchés vous sont pardonnés à cause de Son nom. Je vous écris pères, parce que vous avez connu Celui qui est depuis le commencement. Je vous écris jeunes gens, parce que vous avez vaincu le malin. Je vous ai écrit petits enfants, parce que vous avez connu le Père. Je vous ai écrit pères, parce que vous avez connu Celui qui est depuis le commencement. Je vous ai écrit jeunes gens, parce que vous êtes forts et que la Parole de Dieu demeure en vous, et que vous avez vaincu le malin.

(1 Jean 2 :12-14)

Vous pouvez jouir de la justice et des bénédictions en tant qu'enfant de Dieu si vous avez la foi spirituelle. Vous ne recevrez pas seulement le salut et irez au ciel, mais vous recevrez aussi les réponses à tout ce que vous demandez. De plus, si vous avez une foi agréable à Dieu en obéissant à Sa Parole, toutes choses deviendront possibles avec votre foi.

C'est pourquoi Jésus nous dit dans Marc 16 :17-18, « *Voici les miracles qui accompagneront ceux qui auront cru : en Mon nom, ils chasseront les démons ; ils parleront de nouvelles langues ; ils saisiront des serpents ; s'ils boivent quelque breuvage mortel, il ne leur fera point de mal ; ils imposeront les mains aux malades, et les malades seront guéris.* »

Un petit grain de moutarde grandit en un grand arbre

Jésus a dit à Ses disciples qu'ils avaient peu de foi quand Il a vu qu'ils étaient incapables de chasser les démons, et Il ajouta que tout est possible, même avec une foi aussi petite qu'un grain de moutarde. Il dit dans Matthieu 17 :20, « *c'est à cause de votre incrédulité, leur dit Jésus. Je vous le dis en vérité, si vous aviez de la foi comme un grain de sénevé, vous diriez à cette montagne : transporte-toi d'ici là, et elle se transporterait ; rien ne vous serait impossible.* »

Un grain de moutarde est aussi petit qu'une marque que vous laissez avec une pointe bille sur une feuille de papier. Cependant, avec une foi aussi petite, vous pouvez déplacer une montagne d'un lieu à un autre et toutes choses vous sont possibles.

Avez-vous une foi qui est aussi petite qu'un grain de moutarde ? Une montagne bouge-t-elle d'un endroit vers un autre à votre ordre ? Toutes choses vous sont-elles possibles ? Etant donné qu'il est impossible pour vous de saisir la signification de ce passage sans une pleine compréhension de sa signification spirituelle, laissons nous y plonger au travers de la parabole du grain de moutarde que Jésus nous a donnée :

> *Le royaume des cieux est semblable à un grain de sénevé qu'un homme a pris et semé dans son champ. C'est la plus petite de toutes les semences ; mais quand il a poussé, il est plus grand que les légumes et devient un arbre, de sorte que les oiseaux du ciel viennent habiter dans ses branches. » (Matthieu 13 :31-32).*

Un grain de sénevé est plus petit que toute autre semence, mais quand il grandit et devient un grand arbre, beaucoup d'oiseaux viennent et se nichent dans ses branches. Jésus a utilisé la parabole du grain de sénevé pour nous enseigner que nous pouvons déplacer une montagne d'un endroit vers un autre, et que toutes choses sont possibles si votre petite foi grandit. Les disciples de Jésus auraient dû posséder une grande foi avec laquelle toutes choses sont possibles, parce qu'ils ont été avec Lui pendant longtemps et ont assisté de leurs yeux aux nombreuses œuvres miraculeuses de Dieu. Cependant, Jésus leur fit des reproches parce qu'ils n'avaient pas de grande foi.

Toute la mesure de la foi

Lorsque vous recevez le Saint Esprit, et obtenez la foi spirituelle, votre foi doit mûrir vers la pleine mesure qui rend toutes choses possibles. Dieu veut que vous receviez des réponses à tout ce que vous demandez en augmentant votre foi.

Ephésiens 4 :13-15 nous rappelle, « *Jusqu'à ce que nous soyons parvenus à l'unité de la foi et à la connaissance du Fils de Dieu, à l'état d'homme fait, à la mesure de la stature parfaite de Christ ; ainsi nous ne serons plus des enfants flottants et emportés à tout vent de doctrine, par la tromperie des hommes, par leur ruse dans les moyens de séduction, mais en professant la vérité dans l'amour, nous croîtrons à tous égards en Celui qui est le chef, Christ.* »

Il est naturel lorsqu'un bébé naît, que sa naissance soit enregistrée auprès du gouvernement, et il grandit pour devenir un enfant et puis un adolescent. A un moment approprié, il se marie, donne naissance à des enfants et devient un père.

De la même manière, si vous devenez un enfant de Dieu au travers de Jésus Christ, et que votre nom est inscrit dans le Livre de Vie dans le royaume des cieux, votre foi doit grandir chaque jour pour atteindre la foi des enfants, des jeunes et des pères.

C'est pourquoi 1 Corinthiens 3 :2-3 nous enseigne, « *Je vous ai donné du lait, non de la nourriture solide, car vous ne pouviez pas la supporter ; et vous ne le pouvez pas même à présent, parce que vous êtes encore charnels. En effet, parce qu'il y a parmi vous de la jalousie et des disputes, n'êtes vous pas charnels, et ne marchez vous pas selon l'homme ? »*

Tout comme un bébé nouveau né doit boire du lait pour vivre, un bébé spirituel doit boire le lait spirituel pour grandir. Comment un bébé spirituel peut-il dès lors grandir pour devenir un père ?

1. La Foi des Nouveaux-nés/ Nourrissons

1 Jean 2 :12 dit, « *Je vous écris petits enfants, parce que vos péchés sont pardonnés à cause de Son nom.* » Ce verset nous dit que quelqu'un qui ne connaissait pas Dieu, ses péchés lui seront pardonnés lorsqu'il accepte Jésus Christ, et qu'il reçoit le pouvoir de devenir un enfant de Dieu par le Saint Esprit, qui vient habiter dans son cœur (Jean 1 :12).

Il n'y a rien que le nom de Jésus par lequel vous pouvez être pardonné et recevoir le salut. Cependant, les gens du monde considèrent la chrétienté comme une sorte de religion qui est bonne pour le bien-être mental et posent une question de reproche « Pourquoi dites-vous que nous ne pouvons être sauvés que par Jésus Christ ? »

Pourquoi donc Jésus Christ est-Il notre seul Sauveur ? Les êtres humains ne peuvent être sauvés par aucun autre nom que celui de Jésus Christ, et ne peuvent être pardonnés de leurs péchés que par le sang de Jésus qui est mort à la croix.

Actes 4 :12 déclare, « *Il n'y a de salut en aucun autre ; car il n'y a sous le ciel aucun autre nom qui ait été donné parmi les hommes, par lequel nous devions être sauvé.* », et Actes 10 :43 dit, « *Tous les prophètes rendent de Lui le témoignage que quiconque croit en Lui reçoit par Son nom, le pardon des péchés.* » C'est donc la providence et la volonté de Dieu que les hommes soient sauvés par Jésus-Christ.

Au travers de l'histoire de l'humanité, il y a eu ceux qui ont été soi-disant « grands » ou « magnanimes », tels que Socrate, Confucius, Bouddha et d'autres. Selon la perspective de Dieu cependant, ils étaient tous des enfants et des pécheurs parce que tout homme est né avec le péché originel hérité d'Adam qui a commis le péché de désobéissance et ceux de leurs pères.

Cependant, Jésus avait la puissance spirituelle et les qualifications requises pour être le Sauveur de l'humanité : Il n'avait pas le péché originel parce qu'il a été conçu par le Saint Esprit. Il n'avait pas non plus lui-même commis de péchés pendant Sa vie. De cette manière, Il avait la force de sauver l'humanité parce qu'Il était sans blâme et qu'Il avait le grand amour de sacrifier même Sa vie pour des pécheurs.

Pour cela, si vous croyez que Jésus est le seul vrai chemin vers le salut et que vous l'acceptez comme votre Sauveur, tous vos péchés seront pardonnés, vous recevrez le Saint Esprit en tant que don de Dieu et vous serez scellés comme Son enfant.

La Foi d'un Criminel à côté de Jésus

Lorsque Jésus fut pendu à la croix pour porter les péchés de l'humanité, l'un des deux criminels aux côtés de Jésus s'est repenti de ses péchés et l'a accepté comme Sauveur juste avant sa mort. En conséquence il fut scellé en tant qu'enfant de Dieu et est entré au Paradis. Tous ceux qui sont nés de nouveau, en acceptant Jésus Christ, Dieu les appelle « Mes petits enfants ! »

Certaines personnes pourraient argumenter « Un criminel a accepté Jésus comme Sauveur et fut sauvé juste avant sa mort. Alors, je vais jouir du monde autant que je peux et accepter Jésus Christ comme mon Sauveur juste avant de mourir. J'irai toujours au ciel ! » Une telle idée est cependant totalement erronée.

Comment ce criminel fut-il capable d'accepter Jésus, qui était ridiculisé par des gens mauvais et qui mourrait à la croix ? Le criminel avait déjà pensé que Jésus était le Messie lorsqu'il écoutait Ses messages. Il a confessé sa foi en Jésus Christ et l'a accepté comme son Sauveur tandis qu'il était pendu à la croix à côté de Lui. Il reçut le salut de cette manière et gagna le droit d'entrer au Paradis.

De la même manière, chacun gagne le droit de devenir un enfant de Dieu lorsqu'il accepte Jésus en tant que Sauveur et reçoit le Saint Esprit. C'est pourquoi, Dieu l'appelle « Mon petit enfant ». Par exemple, lorsqu'un bébé naît, il est enregistré et il devient un citoyen du pays dans lequel il est né. De la même manière, vous pouvez gagner la citoyenneté céleste et être reconnu en tant qu'enfant de

Dieu si votre nom est inscrit dans le Livre de Vie.

La foi des nourrissons, petits enfants, se réfère donc à la foi de gens qui viennent d'accepter Jésus Christ, sont pardonnés de leurs péchés et deviennent des enfants de Dieu tandis que leur nom est écrit dans le Livre de Vie.

2. La Foi des Enfants

Les gens qui sont nés de nouveau en tant qu'enfants de Dieu en acceptant Jésus Christ et qui gagnent la vie spirituelle dans une foi mure, atteignent la foi des enfants. Lorsque un bébé est né et sevré de sa mère, il peut reconnaître ses parents et distinguer certains éléments, des choses proches et des gens.

Les enfants cependant connaissent peu et doivent rester sous la protection de leurs parents. Lorsqu'on leur demande s'ils connaissent leurs parents, ils répondront sûrement « oui ». Cependant, lorsqu'on leur demande par exemple la ville natale de leurs parents ou la généalogie de la famille, ils ne seraient pas capables de répondre. Les enfants ne connaissent donc pas leurs parents en détail, et cela même s'ils peuvent dire « je connais mon papa et ma maman ».

Si les parents achètent des jouets pour leur enfant, l'enfant peut dire si le jouet est une voiture ou une poupée, mais il ne sait pas comment la voiture a été construite, ni comment la poupée a été achetée. De ce fait, les enfants connaissent une partie des choses qu'ils peuvent voir avec leurs yeux, mais ne peuvent pas comprendre les détails des choses qu'ils ne voient pas.

Spirituellement, les enfants ont la foi des débutants pour connaître Dieu, le Père ; ils jouissent de la grâce dans la foi après avoir accepté Jésus Christ et reçoivent le Saint Esprit. 1 Jean 2 :13 dit, « *Je vous écris petits enfants, parce que vous avez connu le Père.* » Ici « vous avez connu le Père », indique que les gens qui ont la foi d'un enfant ont accepté Jésus Christ, et ont appris la Parole de Dieu en allant à l'Eglise.

Tout comme un bébé connaît peu au début, mais peut reconnaître son père et sa mère en grandissant, les nouveaux croyants arrivent aussi graduellement à comprendre la volonté et le cœur de Dieu le Père alors qu'ils fréquentent l'église et écoutent Sa Parole. Ils ne sont cependant pas encore capables d'obéir à la Parole, parce qu'ils n'ont pas assez de foi.

C'est pourquoi, la foi des enfants est la foi des gens qui connaissent la vérité parce qu'ils l'ont entendue, mais qui parfois obéissent à la Parole, et parfois pas. Ce niveau de foi n'est pas encore parfait.

Qui appelle Dieu « Père » ?

Si quelqu'un n'a pas accepté Jésus, mais confesse « je connais Dieu », il ment. Il y a cependant ceux qui disent « je ne fréquente pas l'église, mais je connais Dieu » Ce sont ceux qui ont lu une ou deux fois la Bible, allaient auparavant à l'église, ou qui ont entendu parler de Dieu ici ou là. Connaissent-ils cependant réellement Dieu le Créateur ?

S'ils connaissaient vraiment Dieu, ils devraient comprendre pourquoi Jésus est le seul et unique Fils de Dieu, pourquoi Dieu l'a envoyé dans ce monde, et pourquoi Dieu a-t-il dû placer l'arbre de la connaissance du bien et du mal dans le Jardin d'Eden. Ils devraient aussi avoir la connaissance du ciel et de l'enfer et comment ils peuvent être sauvés et entrer au ciel.

De plus, s'ils comprennent vraiment ces faits, il n'y en aurait aucun qui refuserait d'aller à l'église et de vivre par la Parole de Dieu. Ils ne vont cependant pas à l'église et ils n'appellent pas Dieu « Père » parce qu'ils ne croient pas en Dieu et ne le connaissent pas.

De la même manière, certaines personnes du monde qui ne croient pas en Dieu, peuvent dire qu'elles le connaissent, mais ce n'est pas vrai. Ils ne peuvent pas reconnaître Dieu, ni l'appeler « Père » parce qu'ils ne connaissent pas Jésus Christ et ne vivent pas dans Sa Parole (Jean 8 :19).

Les gens appellent Dieu différemment

Les croyants appellent le même Dieu différemment selon la mesure de leur foi. Personne ne l'appelle « Dieu le Père » avant d'accepter Jésus Christ comme son Sauveur. Il est tout à fait naturel qu'il ne L'appelle pas « Père », parce qu'il n'est pas encore né de nouveau.

Comment les nouveaux convertis appellent t-ils Dieu ? Ils sont un peu timides et l'appellent simplement « Dieu »

Ils ne peuvent pas l'appeler « Dieu mon Père » tendrement mais au contraire se sentent embarrassés et maladroits parce qu'ils ne L'ont pas servi en tant que leur Père.

Cependant, le nom dont les chrétiens appellent Dieu change tandis que leur foi grandit à la mesure des enfants. Ils L'appellent « Père » quand ils ont la foi d'enfants, tout comme les enfants appellent joyeusement leurs pères « papa » Bien sûr, ce n'est pas mauvais pour eux de l'appeler simplement « Dieu » ou « Dieu le Père ». Ils finiront par l'appeler « Père Dieu » plutôt que « Dieu le Père » si leur foi grandit plus. De plus, ils l'appellent seulement « Père » lorsqu'ils prient à Dieu.

Qu'est ce qui vous semble pouvoir résonner plus agréablement et intime aux oreilles de Dieu : quelqu'un qui l'appelle « Dieu » ou quelqu'un qui l'appelle « Père » ? Combien heureux Dieu doit-Il être lorsque vous l'appelez « Mon Père », du plus profond de votre cœur !

Proverbes 8 :17 dit *« J'aime ceux qui M'aiment, et ceux qui Me cherchent, Me trouvent. »* Au plus vous aimez Dieu, au plus Il vous aimera. Au plus vous le cherchez, au plus facilement vous pouvez recevoir Ses réponses.

En fait, vous vivrez au ciel éternellement, appelant Dieu « Père » en tant que Son enfant, et il est donc parfait pour vous d'avoir une relation propre et intime avec Dieu dans cette vie également. Pour cela, vous devez accomplir votre devoir en tant qu'enfant de Dieu et montrer la preuve de votre amour pour Lui en obéissant entièrement à Ses commandements.

3. La Foi des Jeunes

Tout comme un enfant grandit pour devenir un adolescent solide et plus perspicace, la foi des enfants grandit et devient la foi des jeunes. Cela veut dire qu'après une phase d'enfance spirituelle dans la foi, le niveau de la foi des gens grandit au travers de la prière et de la Parole de Dieu jusqu'à devenir celle d'une jeunesse spirituelle qui peut discerner la volonté de Dieu le Père et le péché.

Les jeunes sont forts et courageux

Il y a peu d'enfants qui connaissent convenablement la loi d'un pays. Ils doivent demeurer sous la protection de leurs parents, et même s'ils commettent un crime, leurs parents en sont responsables, parce qu'ils n'ont pas éduqué leurs enfants convenablement. Les enfants ne savent pas clairement ce qu'est le péché, ce qu'est la justice, et ce qu'est le cœur d'un parent, parce qu'ils sont toujours dans le processus d'apprentissage.

Qu'en est-il des adolescents ? Ils sont forts, facilement irritables et enclins au péché. Ils sont avides de voir, d'apprendre et d'expérimenter toutes choses et ils ont tendance à imiter les autres. Ils ont tendance à être curieux dans tous les domaines, rebelles et persuadés qu'il n'y a rien qu'ils ne puissent faire.

De la même manière, les jeunes spirituels ne cherchent pas les choses terrestres, mais au contraire, ils ont de l'espérance pour le ciel avec la plénitude du Saint Esprit et vainquent le péché par la Parole de Dieu parce qu'ils ont une foi forte. Ils mènent des vies triomphantes en toutes circonstances, triomphant du monde et du diable avec un courage sans plaintes parce que la Parole abonde en eux.

Triomphant et régnant sur le diable

Comment donc, les jeunes qui ont une foi forte et courageuse, vainquent-ils le monde pécheur et le diable ? Ceux qui acceptent Jésus Christ gagnent le droit de devenir des enfants de Dieu et dans la vérité, ils vainquent triomphalement les méchants. Le diable, malgré qu'il est fort n'ose rien faire devant les enfants de Dieu. Nous trouvons donc dans 1 Jean 2 :13, *« Je vous écris, jeunes gens, parce que vous avez vaincu le malin. »*

Vous pouvez vaincre le diable lorsque vous abondez dans la vérité à cause de la Parole de Dieu qui doit demeurer en vous. Tout comme des gens ne peuvent observer la loi s'ils ne la connaissent pas, vous ne pouvez pas vivre selon la Parole de Dieu si vous ne la connaissez pas.

Pour cela, vous devez garder Sa Parole dans votre cœur et en vivre, chassant toute espèce de péché. De cette manière, les gens avec la foi de jeunes gens peuvent vaincre le monde au moyen de la Parole de Dieu. C'est pourquoi, 1 Jean 2 :14 dit, *« Je vous écris, jeunes gens, parce que vous êtes forts, et que la Parole de Dieu demeure en vous, et que vous avez vaincu le malin. »*

4. La Foi des Pères

Lorsque des jeunes gens, avec une foi forte et un esprit sans plaintes grandissent et deviennent des adultes, ils deviendront capables d'évaluer et de comprendre chaque situation et, après de nombreuses expériences, gagner de la sagesse afin d'être suffisamment prudents pour s'humilier lorsque cela est nécessaire. Des gens avec la foi des pères, connaissent en détail l'origine de Dieu et comprennent Sa providence parce qu'ils ont une foi spirituelle profonde.

Qui connaît l'origine de Dieu

Les pères sont différents des jeunes gens en divers aspects. Les jeunes gens sont immatures parce qu'ils manquent d'expérience, même s'ils ont appris beaucoup de choses. De ce fait, il y a de nombreuses situations et événements que les jeunes gens ne comprennent pas, alors que les pères en saisissent parfaitement beaucoup d'éléments, parce qu'ils ont expérimenté une variété d'aspects de la vie.

Les pères comprennent aussi pourquoi les parents veulent avoir de enfants, combien pénible est l'accouchement, et combien il est difficile d'élever des enfants. Ils connaissent leur famille : d'où viennent leurs parents, comment ils se sont rencontrés et mariés, et ainsi de suite.

Il y a un proverbe coréen qui dit « ce n'est qu'en donnant naissance à vos propres enfants que vous comprenez véritablement le cœur de vos parents ». De même, uniquement les gens qui ont la foi des pères peuvent parfaitement comprendre le cœur de Dieu le Père. De tels chrétiens mûrs, 1 Jean 2 :13 dit, « *je vous écris pères, parce que vous avez connu Celui qui est dès le commencement.* »

De plus, ceux qui ont la foi des pères deviennent des exemples pour beaucoup et ils étreignent tous types de gens parce qu'ils sont humbles et capables de tenir ferme sur la vérité, sans en dévier.

Si nous devons comparer la foi des pères à la saison des moissons, la foi des jeunes gens peut être comparée à un fruit qui n'est pas mûr. Les gens qui ont la foi des jeunes gens peuvent être comparés à une récolte qui n'est pas à maturité, parce qu'ils ont tendance à insister sur leurs propres pensées et théories.

Cependant, de la manière où Jésus a montré le chemin du service en lavant les pieds de Ses disciples, les pères spirituels, contrairement aux jeunes gens, portent les fruits mûrs de leurs oeuvres et donnent gloire à Dieu avec les fruits de leurs œuvres.

Pour avoir le cœur de Jésus Christ

Dieu veut que Ses enfants atteignent le cœur de Dieu, qui est depuis le commencement, et de Jésus Christ, qui s'est humilié Lui-même et a été obéissant jusqu'à la mort (Philippiens 2 :5-8). Pour cette raison, Dieu permet les tribulations à Ses enfants et au travers de ces tribulations, leur foi mûrit et ils obtiennent de l'endurance et de l'espérance. De cette manière, leur foi grandit au niveau des pères.

Dans Luc 17, Jésus a raconté à Ses disciples la parabole d'un serviteur. Un serviteur travaillait dans un champ toute une journée et retournait à la maison au coucher su soleil, mais il n'y avait personne pour lui dire « Bon travail ! Repose-toi et mange ». Au contraire, ce serviteur devait préparer le dîner de son maître et l'attendre ; après cela seulement, ce serviteur pouvait avoir son propre repas. De plus, personne ne lui dit « Merci beaucoup pour ton dur labeur, » malgré qu'il ait fait tout ce que son maître lui avait commandé. Le serviteur dit seulement « Je suis un serviteur inutile, je n'ai fait que mon devoir. »

De la même manière, vous devez être un homme humble et obéissant, qui dit « Je suis un serviteur inutile, je n'ai fait que mon devoir, » même après avoir fait quelque chose que Dieu vous avait demandé de faire. Les gens avec une foi de pères connaissent la profondeur et la hauteur du cœur de Dieu qui est depuis le commencement, et ils ont aussi le cœur de Jésus Christ qui s'est humilié et s'est abaissé et est devenu obéissant jusqu'à la mort. Dieu reconnaît donc et félicite hautement de tels individus et ils brilleront dans le ciel comme le soleil.

Tout comme une grain de sénevé grandit et devient un grand arbre dans lequel se nichent de nombreux oiseaux, la foi spirituelle grandit de la mesure des nourrissons/petits enfants vers celle des enfants, des jeunes gens et des pères. Combien devez-vous être bénis lorsque vous connaissez

Celui qui est depuis le commencement, et que vous avez suffisamment de foi pour comprendre Sa hauteur et Sa profondeur et que vous êtes capables de veillez sur tant d'âmes en attente, de la manière dont Jésus l'a fait. !

Puissiez vous avoir le cœur du Seigneur, abondant dans la générosité et l'amour, possédant la foi des pères, portant du fruit en abondance et brillant comme le soleil dans le ciel pour l'éternité, au nom de notre Seigneur, je prie !

3
La Mesure de Chaque Foi Individuelle

1. La Mesure de Foi donnée par Dieu
2. La Mesure différente de la Foi de Chacun
3. La Mesure de Foi testée dans le Feu

Par la grâce qui m'a été donnée, je dis à chacun de vous de n'avoir pas de lui-même une trop haute opinion, mais de revêtir des sentiments modestes, selon la mesure de foi que Dieu a départie à chacun.
(Romains 12 :3)

Dieu vous permet de moissonner selon ce que vous semez et vous récompense selon ce que vous avez fait, parce qu'Il est juste. Dans Matthieu 7 :7-8, Jésus nous dit, « *Demandez et l'on vous donnera ; cherchez et vous trouverez ; frappez et l'on vous ouvrira. Car quiconque demande reçoit, celui qui cherche trouve, et l'on ouvre à celui qui frappe.* »

Vous ne recevez pas des bénédictions et des réponses à vos prières par une foi charnelle, mais par une foi spirituelle. Vous pouvez obtenir la foi charnelle en écoutant la Parole de Dieu et en l'apprenant. La foi spirituelle cependant, n'est pas donnée gratuitement ; vous ne pouvez la recevoir que si Dieu vous la donne.

C'est pourquoi Romains 12 :3 nous presse, « *je dis à chacun de n'avoir pas de lui-même une trop haute opinion, mais de revêtir des sentiments modestes, selon la mesure de foi que Dieu a départie à chacun.* » Chaque foi spirituelle individuelle donnée par Dieu est différente de l'un à l'autre. Aussi, comme nous trouvons dans 1 Corinthiens 15 :41, « *Autre est l'éclat du soleil, autre l'éclat de la lune, et autre est l'éclat des étoiles ; même une étoile diffère en éclat d'une autre étoile,* » l'endroit de repos au ciel et la gloire donnée en récompense à chaque individu sont différents, selon la mesure de sa foi.

1. La Mesure de Foi donnée par Dieu

La « Mesure » est un poids, volume, quantité ou taille d'un objet. Dieu mesure la foi de chaque individu et donne à la personne des réponses selon la mesure de sa foi. Généralement, les gens avec une grande foi ne peuvent recevoir des réponses que s'ils le désirent dans leur cœur, alors que d'autres ne reçoivent des réponses que s'ils prient avec ferveur en jeûnant pendant une journée, et d'autres encore avec peu de foi reçoivent des réponses quand ils prient pendant des mois ou des années. Si vous pouviez « gagner » de la foi spirituelle comme vous le voulez, tout le monde pourrait recevoir les réponses et les bénédictions qu'ils veulent. Le monde deviendrait un endroit de désordre et trop confus pour y vivre.

Supposons qu'il y a un homme qui ne vit pas selon la Parole de Dieu. Si l'homme demande, « Dieu, s'il te plait laisse moi devenir le chef du plus important conglomérat d'affaires dans ce pays ! » ou « Je hais cet homme. S'Il te plait punis-le ! », et que sa prière et son désir soient répondus, à quoi ressemblerait le monde ?

La foi spirituelle et l'obéissance

Comment pourriez-vous posséder la foi spirituelle ? Dieu ne donne pas la foi spirituelle à tout le monde, mais uniquement à ceux qui sont qualifiés en obéissant à Sa Parole. Parallèlement, vous pouvez obtenir la foi spirituelle dans la mesure où vous chassez la contrevérité, telle que la haine, les disputes, l'envie, l'adultère et d'autres choses en vous, et que vous aimiez même vos ennemis.

Dans la Bible Jésus a complimenté certains, en disant « *votre foi est grande !* », mais a repoussé d'autres, en disant « *gens de peu de foi !* »

Par exemple, dans Matthieu 15 :21-28 une femme cananéenne est venue vers Jésus et lui a demandé de guérir sa fille possédée par un démon. Elle s'est écriée, *« Aie pitié de moi, Seigneur, Fils de David ! Ma fille est cruellement tourmentée par le démon » (V22)*.

Jésus cependant, voulait tester sa foi et répondit, *Je n'ai été envoyé qu'aux brebis perdues de la maison d'Israël » (V24)*. La femme s'agenouilla devant Jésus. *« Seigneur, secours moi ! »*, dit elle (V25). Jésus refusa à nouveau, disant *« il n'est pas bien de prendre le pain des enfants et de le jeter aux petits chiens » (V26)*. Il disait cela parce que les juifs de Son temps, considéraient les Gentils comme des chiens et cette femme était une Gentille de la région de Tyr.

Dans cette situation, beaucoup de gens se seraient sentis honteux, désorientés, ou offensés et auraient facilement abandonné d'essayer d'obtenir des réponses. Cependant cette femme n'était pas décontenancée et a accepté la parole de Jésus de manière humble. Elle s'est abaissée elle-même comme une petite et basse chose, comme un chien et supplia pour Sa grâce sans se lamenter : *« oui Seigneur, mais les petits chiens mangent les miettes qui tombent de la table de leur maître » (V27)*. En entendant cela, Jésus fut satisfait de sa foi et répondit, *« Femme, ta foi est grande ; qu'il te soit fait comme tu veux ! »* Et à l'heure même, sa fille fut guérie (V28).

Nous voyons aussi Jésus reprendre Ses disciples pour leur peu de foi dans Matthieu 17 :14-20. Un homme amena son fils qui souffrait d'une sévère épilepsie vers les disciples de Jésus, mais ils furent incapables de guérir l'enfant. Par après, l'homme amena son fils à Jésus, et il chassa immédiatement les démons de l'enfant et le guérit. Après que Jésus ait guéri l'enfant, Ses disciples sont venus à Lui et lui ont demandé *« Pourquoi n'avons-nous pu chasser ce démon ? » (V19)*. Il répondit *« C'est à cause de votre incrédulité » (V20)*.

De plus, Jésus adressa un reproche à Pierre dans Matthieu 14 :22-33. Par une nuit, Ses disciples étaient sur un bateau au milieu de vagues de grande ampleur et Jésus s'approcha d'eux en marchant sur les eaux. Ils étaient d'abord terrifiés lorsqu'ils virent marcher sur les eaux, et crièrent dans leur peur *« C'est un fantôme » (V26)*. Jésus leur dit immédiatement, *« Rassurez vous, ce n'est que Moi, n'ayez pas peur ! » (V27)*.

Pierre devint courageux et répondit, *« Seigneur, si c'est Toi, ordonne que je vienne vers Toi sur les eaux » (V28)*. Alors Jésus dit, *« Viens, »* comme Pierre voulait l'entendre. Pierre sortit du bateau, marcha sur l'eau et se dirigea vers Jésus. Cependant, lorsqu'il vit les vagues et entendit le vent, Pierre eut peur et il commençait à s'enfoncer, il s'écria, *« Seigneur, sauve-moi ! » (V30)*. Immédiatement, Jésus tendit Sa main et saisit Pierre en reprochant à son disciple : *« Homme de peu de foi, pourquoi as-tu douté ? » (V31)*.

On reprocha à Pierre son peu de foi à ce moment, mais après qu'il ait reçu le Saint Esprit, et la puissance de Dieu, il a accompli un nombre incalculable de miracles dans le nom du Seigneur, et avec sa grande foi, il fut crucifié la tête en bas pour le Seigneur.

2. La Mesure différente de la Foi de Chacun

LA MESURE DE CHAQUE FOI INDIVIDUELLE   53

Il y a de nombreuses paraboles dans la Bible qui expliquent la mesure de la foi. 1 Jean 2 explique la mesure de la foi en la comparant à la croissance d'un homme, et Ezéchiel 47 :3-5 explique la mesure de la foi en la comparant à la profondeur de l'eau :

> *Lorsque l'homme s'avança vers l'orient, il avait dans la main un cordeau, et il mesura mille coudées ; il me fit traverser l'eau et j'avais de l'eau jusqu'au chevilles. Il mesura encore mille coudées, et me fit traverser l'eau, et j'avais de l'eau jusqu'aux genoux. Il mesura encore mille coudées, et me fit traverser, et j'avais de l'eau jusqu'aux reins. Il mesura encore mille coudées ; c'était un torrent que je ne pouvais traverser, car l'eau était si profonde qu'il fallait y nager ; c'était un torrent qu'on ne pouvait traverser.*

    Le livre d'Ezéchiel est l'un des cinq grands livres de prophéties de l'Ancien Testament. Dieu a demandé au Prophète Ezéchiel de donner les prophéties lorsque le Sud du Royaume de Juda a été détruit par Babylone et que de nombreux juifs avaient été emmenés en captivité en tant que prisonniers de guerre. A partir d'Ezéchiel 40 est décrit le temple qu'Ezéchiel a vu dans une vision.

    Dans Ezéchiel 47, le prophète décrit une vision dans laquelle il voit de l'eau qui sort du seuil du temple vers l'est. L'eau provenait du côté sud du temple, au sud de l'autel. Ensuite l'eau s'écoulait par la porte nord, et jaillissait du sanctuaire vers l'extérieur par la porte extérieure faisant face à l'est.

L' « eau » symbolise ici spirituellement la Parole de Dieu (Jean 4 :14), et le fait que l'eau vient au travers et autour de l'intérieur du sanctuaire, et puis s'écoule à l'extérieur du sanctuaire indique que la Parole de Dieu n'est pas uniquement prêchée dans le sanctuaire, mais aussi partout dans le monde.

Que veut dire Ezéchiel lorsqu'il dit « l'homme mesura mille coudées » (47 :3), allant vers l'orient avec un cordeau à la main ? Ceci se réfère au Seigneur qui mesure la foi de chaque individu et qui la mesure avec précision selon la mesure de chaque foi individuelle, au jour du Jugement.

« L'homme ayant un cordeau dans la main » se réfère au serviteur du Seigneur, et « prendre une mesure » signifie que le Seigneur mesure la foi de chaque individu correctement, sans faire d'erreur. Donc, le changement de profondeur de l'eau signifie par métaphore les différents niveaux de mesure de la foi.

Selon la profondeur de l'eau

« L'eau jusqu'aux chevilles » indique la foi des nourrissons/petits enfants, la mesure de foi qui vous permet de recevoir à peine le salut. Lorsque la mesure de foi est comparée à la taille d'un homme, ce niveau est aussi élevé que la hauteur de sa cheville. Ensuite, « l'eau jusqu'aux genoux » se réfère à la foi des enfants, et « l'eau jusqu'à la taille » se réfère à la foi des jeunes gens. Finalement, « l'eau assez profonde pour nager » se réfère à la foi des pères.

De cette manière, au jour du Jugement, la foi de chaque

individu sera mesurée et le lieu de séjour céleste de chaque personne sera déterminé par le Seigneur dans la mesure où elle vit selon la Parole de Dieu dans cette vie.

« Mesurer mille coudées » indique la grandeur du cœur de Dieu, Sa précision, sans la moindre erreur, et les profondeurs de Son cœur, qui tient compte de toutes choses. Dieu mesure la foi de chaque individu non pas d'une seule perspective, mais de tous les angles. Dieu cherche notre moindre œuvre et le centre de notre cœur de manière tellement précise que personne ne se sentira faussement jugé.

Dieu cherche donc toutes choses de Ses yeux flamboyants et fait en sorte que chaque individu récolte ce qu'il a semé et il le récompense selon ce qu'il a fait. C'est pourquoi Romains 12 :3 dit, *« Car par la grâce qui m'a été donnée, je dis à chacun de n'avoir pas de lui-même une trop haute opinion, mais de revêtir des sentiments modestes, selon la mesure de foi que Dieu a départie à chacun. »*

Pensez sagement selon la mesure de votre foi

Marcher dans une eau jusqu'aux chevilles est et se ressent complètement différent de marcher dans une eau jusqu'à la taille. Lorsque vous êtes dans l'eau jusqu'aux chevilles, vous pouvez penser à marcher ou courir, parce que vous ne pouvez pas nager là. Cependant, lorsque vous êtes dans l'eau jusqu'à la taille, vous préfèrerez nager que marcher.

De la même manière, ceux qui ont la foi d'enfants pensent différemment de ceux qui ont une foi de pères, tout comme les pensées d'un homme sont différentes dans différentes profondeurs d'eau. Donc, la seule chose juste est que vous pensiez sagement en fonction de la mesure de votre foi.

Abraham a reçu Isaac comme le fils de la promesse après que Dieu ait reconnu sa foi. Un jour, Dieu ordonne à Abraham d'offrir son fils unique Isaac comme un sacrifice immolé. Qu'est ce qu'Abraham a pensé à propos de l'ordre de Dieu ? Il n'a jamais réfléchi dans l'angoisse, « Pourquoi Dieu me demande-t-Il d'offrir Isaac en holocauste, malgré le fait qu'Il m'ait donné Isaac en tant qu'enfant de la promesse ? Brise-t-Il Sa promesse ?

Hébreux 11 nous rappelle qu'Abraham a réfléchi sagement à l'ordre de Dieu : « Il ne ment jamais, Il ressuscitera donc mon fils des morts. » Abraham n'a pas considéré qu'il était supérieur à ce qu'il était, mais il s'est considéré lui-même conformément à la mesure de foi que Dieu lui avait donnée.

Abraham n'a pas murmuré, et ne s'est pas plaint, mais il a obéi à Dieu avec un cœur humble. Le résultat fut qu'il fut approuvé et favorisé d'autant plus par Dieu, et il est devenu le père de la foi.

Vous devez comprendre que c'est au travers d'une épreuve sévère et rude qu'Abraham a été déclaré posséder la foi spirituelle et qu'il a été conduit vers le chemin des bénédictions. Vous pouvez recevoir l'amour et les bénédictions de Dieu lorsque vous surmontez les ardentes épreuves en réfléchissant sagement à vous-mêmes en accord avec la mesure de votre propre foi.

3. La Mesure de Foi testée dans le Feu

1 Corinthiens 3 :12-15 nous dit que Dieu teste la foi de chaque individu avec le feu et mesure l'œuvre qui demeure après :

> *Or, si quelqu'un bâtit sur ce fondement avec de l'or, de l'argent, des pierres précieuses, du bois, du foin, du chaume, l'œuvre de chacun sera manifestée ; car le jour la fera connaître, parce qu'elle se révélera dans le feu, et le feu éprouvera ce qu'est l'œuvre de chacun. Si l'œuvre bâtie par quelqu'un sur le fondement subsiste, il recevra une récompense. Si l'œuvre de quelqu'un est consumée, il perdra sa récompense ; pour lui il sera sauvé, mais comme au travers du feu.*

« Le fondement » ici se réfère à Jésus Christ et « l'œuvre » indique ce qui est fait avec un effort de tout son cœur. Si quelqu'un croit en Jésus Christ, ses œuvres seront révélées pour ce qu'elles sont « parce que le jour les fera connaître à la lumière. »

Quand une œuvre est-elle montrée ?

D'abord, l'œuvre de chaque individu sera montreé quand son travail est terminé. Si son travail est donné annuellement, son œuvre sera révélée à la fin de chaque année.

Deuxièmement, Dieu teste l'œuvre de chaque individu quand l'épreuve de feu lui arrive. Certaines personnes sont en paix sans changer même quand elles font face à de graves épreuves et difficultés comme le feu, tandis que d'autres ne sont pas capables de supporter.

Finalement, Dieu teste l'œuvre de chaque individu le

jour du jugement qui viendra après le second avènement de Jésus Christ. Il va mesurer la sanctification et la fidélité de chaque personne et par conséquent attribuer un endroit de logement céleste et les récompenses.

L'œuvre reste après le test de feu

A nouveau 1 Corinthiens 3 :12 nous rappelle, « *Or, si quelqu'un bâtit sur ce fondement avec de l'or, de l'argent, des pierres précieuses, du bois, du foin, du chaume, l'œuvre de chacun sera manifestée ; car le jour la fera connaître, parce qu'elle se révélera dans le feu, et le feu éprouvera ce qu'est l'œuvre de chacun.* »

Si Dieu teste l'œuvre de chaque individu avec le feu, la qualité de l'œuvre de chaque individu apparaîtra être la foi d'or, d'argent, de pierres précieuses, de bois, de paille ou de chaume. Après le test de Dieu, les gens qui ont une foi d'or, d'argent, de pierres précieuses, de bois ou de chaume seront conduits vers le salut, mais les gens avec une foi de paille ne peuvent pas être sauvés parce qu'ils ne sont pas mieux que ceux qui sont morts en esprit.

De plus, les gens avec une foi d'or, d'argent ou de pierres précieuses peuvent surmonter les épreuves ardentes tout comme l'or, l'argent et les pierres précieuses ne sont pas brûlés par le feu, mais pour les gens avec une foi de bois ou de chaume, ce n'est pas facile de surmonter ces sévères et ardentes épreuves.

Caractéristiques de l'or, de l'argent et des pierres précieuses

L'or est un élément malléable, ductile, jaune et métallique et il est principalement utilisé dans la confection des pièces de monnaie, les bijoux, les accessoires ou l'artisanat. Il a longtemps été considéré comme le bijou de la plus haute valeur. Sa merveilleuse brillance ne s'altère pas même après un temps très long, parce qu'il n'y a pas de réaction chimique entre l'or et les autres substances.

En conséquence, l'or a été considéré comme le bijou de la plus haute valeur, parce qu'il ne change pas, est extrêmement utile pour de nombreux buts, et assez flexible pour s'adapter à toutes les formes.

L'argent est largement utilisé pour les pièces et les accessoires et des buts industriels parce qu'il est le second meilleur en malléabilité et ductilité, et il conduit très bien la chaleur. L'agent est plus léger que l'or et est moins brillant et beau que l'or.

Les pierres précieuses, telles le diamant, le saphir ou l'émeraude émettent de merveilleuses couleurs et éclat, mais ne peuvent pas être utilisés pour de multiples usages. Elles perdent aussi leur valeur et deviennent sans valeur si elles sont griffées ou brisées.

Pour cela, Dieu mesure la foi de chaque individu comme étant une foi d'or, d'argent, de pierres précieuses, de bois, de chaume ou de paille, selon l'œuvre qui demeure après les ardentes épreuves, et considère la foi d'or comme étant la plus valable de toutes.

Atteindre la foi d'or

D'une part, les gens qui ont une foi d'or ne sont pas secoués, même s'ils font face à des épreuves ardentes. La foi d'argent n'est pas aussi solide que la foi d'or, mais est supérieure à celle de pierres précieuses, qui sont fragiles dans le feu. D'autre part, les gens avec une foi de bois ou de chaume dont les œuvres sont brûlées par le test de feu de Dieu, peuvent à peine recevoir leur salut, sans aucune récompense. Dieu récompense chacun selon ce qu'il a fait parce qu'il est juste. Il accepte donc les gens qui ont une foi qui ne change pas de la manière dont l'or ne s'altère pas, et Il les récompense dans le ciel aussi bien que sur la terre.

L'apôtre Paul qui s'est dévoué comme l'apôtre des Gentils, a prêché l'évangile avec un cœur inchangé et a fait la course de la foi jusqu'au bout, et cela malgré qu'il ait eu à faire face à un nombre incalculable d'épreuves et difficultés depuis le jour où il a rencontré le Seigneur pour la première fois.

Actes 16 :25 nous dit la chose suivante : *«vers le milieu de la nuit, Paul et Silas priaient et chantaient les louanges de Dieu, et les prisonniers les entendaient »*. Pour avoir prêché l'évangile, Paul et Silas avaient été brutalement flagellés et emprisonnés avec leurs pieds emprisonnés dans les ceps, mais ils chantaient les louanges de Dieu dans la prière sans se plaindre.

De cette manière, Paul n'a jamais renié le Seigneur jusqu'à sa mort et n'a jamais non plus émis un simple mot de plainte. Il était toujours joyeux et reconnaissant avec un cœur rempli d'espérance pour le ciel, et a été fidèle à l'oeuvre du Seigneur au point de sacrifier sa propre vie.

Si vous avez la foi d'or de l'apôtre Paul, vous demeurerez

aussi dans un endroit glorieux, resplendissant comme le soleil au ciel, et vous recevrez le grand amour de Dieu à cause de votre travail qui ne peut pas être réduit en cendres.

Si vous avez une foi de bois ou de chaume

Les gens avec une foi d'argent accomplissent leurs tâches comme ils devraient le faire, même si leur foi est moindre que la foi d'or. A quoi ressemble alors la foi de pierres précieuses ?

Les gens avec une foi de pierres précieuses confessent, « À partir de maintenant, je vivrai pour le Seigneur seulement ». Vu de l'extérieur, ils semblent posséder la foi d'or, mais ils trébuchent et se déroutent dans les ardentes épreuves parce qu'ils n'ont pas la foi d'or. Ils semblent avoir une grande foi lorsqu'ils sont remplis du Saint Esprit, mais se détournent du chemin de la foi et finalement leur cœur est brisé comme s'ils n'avaient pas de foi du tout.

En d'autres termes, la foi de pierres précieuses semble belle seulement pendant un moment. Le travail de la foi de pierres précieuses demeure cependant après les ardentes épreuves, tout comme la forme des bijoux de pierres précieuses est préservée dans le feu.

L'œuvre de la foi de bois et de chaume cependant, est réduit à néant après les ardentes épreuves. 1 Corinthiens 3 :14-15 nous dit à nouveau, *« Si l'œuvre bâtie par quelqu'un sur le fondement subsiste, il recevra une récompense. Si l'œuvre de quelqu'un est consumée, il perdra sa récompense : pour lui il sera sauvé, mais comme au travers du feu. »*

Il est vrai que les gens avec une foi d'or, d'argent ou de pierres précieuses sont sauvés et sont récompensés dans le ciel parce que l'œuvre de leur foi demeure après l'ardent test de Dieu. Par contre, l'œuvre de ceux qui ont une foi de bois ou de chaume est brûlée en cendres au travers d'ardentes épreuves, et de tels individus sont à peine sauvés, mais ne peuvent recevoir aucune récompense dans le ciel.

Dieu accepte votre foi avec joie et vous récompense abondamment, lorsque vous le cherchez honnêtement. Hébreux 11 :6 nous dit, *« Or, sans la foi il est impossible de Lui être agréable ; car il faut que celui qui s'approche de Dieu croie que Dieu existe et qu'Il est le rémunérateur de ceux qui le cherchent. »*

Il mesure la foi de chaque individu au moyen du test du feu. Dieu donne aussi des bénédictions sur la terre et récompense au ciel à quiconque qui possède une foi inchangée comme l'or.

Pour cela vous devez comprendre qu'il y a diverses réponses et bénédictions de Dieu aussi bien que diverses demeures et couronnes dans le ciel, selon la mesure de foi de chaque individu.

Puissiez vous combattre pour obtenir la foi d'or qui plait à Dieu afin que vous puissiez jouir de Ses bénédictions dans toutes vos voies sur cette terre et demeurer dans un endroit glorieux, resplendissant comme le soleil dans le ciel, dans le nom du Seigneur, je prie !

4
La Foi pour recevoir le Salut

1. Le Premier niveau de Foi
2. Avez-vous reçu le Saint Esprit ?
3. La Foi du Criminel Repenti
4. N'éteignez pas le Feu du Saint Esprit
5. Adam est-il Sauvé ?

Pierre leur dit : « Repentez vous, et que chacun de vous soit baptisé au nom du Seigneur Jésus Christ pour le pardon de vos péchés, et vous recevrez le don du Saint Esprit. Car la promesse est pour vous, pour vos enfants, et pour tous ceux qui sont au loin, en aussi grand nombre que le Seigneur notre Dieu les appellera »
(Actes 2 :38-39)

Au chapitre précédent, j'ai étudié comment Dieu accepte la foi spirituelle, accompagnée par des œuvres, que chaque individu avait une mesure différente de foi spirituelle, et qu'elle mûrit selon l'obéissance de chaque personne à la Parole de Dieu.

La mesure de foi sera cataloguée en cinq niveaux – la foi d'or, d'argent, de pierres précieuses, de bois et de chaume. Tout comme vous montez un escalier une marche à la fois, votre foi mûrit du chaume vers l'or, lorsque vous écoutez la Parole de Dieu et lui obéissez.

Parce que vous ne pouvez posséder le ciel que par la foi, afin que vous puissiez énergiquement prendre possession du royaume des cieux, vous devez augmenter votre foi pas à pas. De plus, si vous parvenez à atteindre la foi d'or, vous restaurerez l'image perdue de Dieu, obtiendrez Sa faveur et serez approuvés par Lui, et finalement, vous atteindrez la Nouvelle Jérusalem où siège le Trône de Dieu. De plus, si vous avez une foi d'or, Dieu sera content de vous, marchera avec vous, répondra aux désirs de votre cœur et vous bénira en vous permettant d'accomplir des signes miraculeux.

En raison de cela, j'espère que vous mesurerez votre foi et que vous vous battrez pour obtenir une foi plus excellente.

1. Le Premier niveau de Foi

Avant de recevoir Jésus Christ, nous étions des enfants du diable et nous devions tomber en enfer à cause de notre vie de péché. 1 Jean 3 :8 déclare : « *Celui qui pèche est du diable, car le diable pèche depuis le commencement. Le Fils de l'homme a paru afin de détruire les œuvres du diable.* »

Aussi bons et exempts de reproches que vous semblez être, vous allez vous voir vivre dans les ténèbres parce que votre méchanceté, cachée en vous, sera révélée lorsque la lumière de la vérité parfaite de Dieu brillera sur vous.

J'ai cru, à un moment donné que j'étais tellement bon et noble en tant que personne que je pouvais vivre sans loi. Cependant, lorsque j'ai accepté le Seigneur, et que je me suis reflété dans le miroir de la Parole de vérité, je me suis rendu compte quel homme mauvais j'avais été. La manière dont j'agissais, ce que je disais ou entendais et ce que je pensais être contraire à Sa Parole.

Dieu a expliqué à Job dans Job 1 :8, disant : « *l'Eternel dit à Satan : as-tu remarqué Mon serviteur Job ? Il n'y a personne comme lui sur la terre. C'est un homme intègre et droit, craignant Dieu, et se détournant du mal.* » Cependant le même Job qui était considéré comme un homme intègre et droit, a poussé des cris de lamentations, de plaintes et de gémissements, tandis qu'il était frappé de sévères épreuves.

Il a confessé, « *Maintenant encore, ma plainte est une révolte, mais la souffrance étouffe mes soupirs,* » *(23 :2)* et, « *Dieu qui me refuse justice est vivant ! Le Tout Puissant qui remplit mon âme d'amertume est vivant !* » *(27 :2)*.

Job a fini par exposer sa méchanceté et sa malveillance dans des épreuves qui maltraitent sa vie, et cela même malgré qu'il ait été qualifié « d'homme intègre et droit ».

Qui donc peut proclamer qu'il est sans péché aux yeux de Dieu, qui Lui-même est lumière, sans aucunes ténèbres en Lui ?

A la vue de Dieu, tous les reliquats de péché dans votre cœur, tels que la haine ou l'envie aussi bien que les œuvres pécheresses, telles que frapper, se quereller ou voler, sont tous considérées comme des péchés. A ce sujet, Dieu nous dit explicitement dans 1 Jean 1 :8, « *Si nous disons que nous n'avons pas de péché, nous nous séduisons nous-mêmes, et la vérité n'est point en nous.* »

Acceptant Jésus Christ

Le Dieu d'amour a envoyé Son fils unique Jésus sur la terre pour nous racheter de nos péchés. Jésus fut crucifié pour nous et Il a partagé son précieux sang qui est sans tâche et sans blâme. Il a été puni pour nos péchés. Cependant, le troisième jour, après avoir brisé la puissance de la mort, Il est ressuscité des morts. Quarante jours après Sa résurrection, Jésus est monté au ciel sous les yeux de Ses disciples, en promettant de revenir et de nous amener au ciel (Actes 1).

Maintenant, vous recevrez le Saint Esprit comme un don et serez scellés en tant qu'enfants de Dieu lorsque vous croyez au chemin du salut et que vous acceptez Jésus Christ comme votre Sauveur dans votre cœur. Alors, vous recevez également le droit de devenir enfants de Dieu comme cela est promis dans Jean 1 :12, « *Mais à tous ceux qui l'ont reçue, à ceux qui croient en Son nom, elle a donné le pouvoir de devenir enfants de Dieu.* »

Le droit de devenir un enfant de Dieu

Supposons qu'un bébé est né. Ses parents enregistrent sa naissance à l'hôtel de ville ou la maison communale et enregistrent son nom en tant que leur fils. De la même manière, si vous êtes né de nouveau en tant qu'enfant de Dieu, votre nom est inscrit dans le Livre de Vie au ciel et la citoyenneté céleste vous est donnée.

Donc, lorsque vous êtes au premier niveau de foi, vous devenez un enfant de Dieu en acceptant Jésus Christ et en voyant vos péchés pardonnés (1 Jean 2 :12), et vous appelez Dieu « Père » (Galates 4 :6). Vous êtes également joyeux avec le fait que vous avez reçu le Saint Esprit, malgré que vous ne connaissiez pas la Parole de Vérité de Dieu, et en voyant ce qui vous entoure, vous pouvez ressentir l'existence de Dieu.

Le premier niveau de la foi est donc appelé « foi pour recevoir le salut » ou « foi pour recevoir le Saint Esprit », et il est équivalent à la foi des nourrissons/petits enfants ou de chaume, tel que décrite plus haut.

2. Avez-vous reçu le Saint Esprit ?

Dans Actes 19 :1-2, Paul, l'apôtre des Gentils qui s'est dévoué pour prêcher l'évangile, a rencontré quelques disciples à Ephèse et leur a demandé, *« Avez-vous reçu le*

Saint Esprit, quand vous avez cru ? » Ils répondirent à cela, « *Nous n'avons même pas entendu dire qu'il y avait un Saint Esprit.* » Ils avaient reçu le baptême d'eau que donnait Jean Baptiste pour la repentance, mais pas le baptême du Saint Esprit, en tant que don de Dieu.

Comme Dieu l'a promis dans Joël 2 :28 et dans Actes 2 :17, qu'il répandrait de Son Esprit sur toute chair dans les derniers jours, cette promesse a été accomplie, et les gens qui ont reçu l'Esprit de Dieu, le Saint Esprit, ont établi l'église. Cependant, comme les disciples d'Ephèse, il y a beaucoup de gens qui proclament croire en Dieu, mais qui vivent en ignorant qui est le Saint Esprit et quel est son baptême.

Si vous en avez reçu le droit en tant qu'enfant de Dieu, en acceptant Jésus Christ, Il vous donne le Saint Esprit comme un don pour vous garantir ce droit. C'est pourquoi, si vous ne connaissez pas le Saint Esprit, vous ne pouvez pas être considéré comme ou appelé enfant de Dieu. 2 Corinthiens 1 :21-22 dit, « *Et celui qui nous affermit avec vous en Christ, et qui nous a oint, c'est Dieu, Lequel nous a aussi marqués d'un sceau et a mis dans nos cœurs, les arrhes de l'Esprit.* »

Recevant le Saint Esprit

Actes 2 : 38-39, explique en détail comment nous pouvons recevoir le Saint Esprit, « *Repentez vous, et que chacun de vous soit baptisé au nom du Seigneur Jésus Christ pour le pardon de vos péchés, et vous recevrez le don du Saint Esprit. Car la promesse est pour vous, pour vos enfants, et pour tous ceux qui sont au loin, en aussi grand nombre que le Seigneur notre Dieu les appellera.* »

Tout le monde est pardonné de ses péchés et reçoit le don du Saint Esprit s'il confesse ses péchés, se repent humblement et croit que Jésus est le Sauveur.

Par exemple, dans Actes 10, il y a à Césarée, un Gentil appelé Corneille. Un jour, l'apôtre Pierre a visité sa maison et lui a prêché l'évangile de Jésus Christ ainsi qu'à toute sa famille. Pendant que Pierre prêchait, le Saint Esprit est descendu sur eux et ils commencèrent à parler en langues.

Les gens qui reçoivent le Saint Esprit en acceptant Jésus Christ comme Sauveur sont au premier niveau de la foi. Ils seraient cependant à peine sauvés, parce qu'ils n'ont pas encore rejeté leurs péchés en les combattant, rempli leur devoir donné par Dieu ou donné gloire au Père.

Le criminel qui était pendu à la croix à côté de Jésus l'a accepté comme son Sauveur personnel, et la mesure de sa foi est aussi au premier niveau de foi.

3. La Foi du Criminel Repenti

Luc 23 nous raconte que deux criminels étaient pendus sur leurs croix de part et d'autre de Jésus. Tandis que l'un ridiculisait Jésus, l'autre criminel a repris le premier et a accepté Jésus comme Sauveur en se repentant de ses péchés. Il a dit, « *Souviens-Toi de moi quand Tu seras dans Ton règne,* » et Jésus lui répondit, « *Je te le dis en vérité,*

aujourd'hui tu seras avec Moi dans le Paradis.» (V42-43).
Le « Paradis » que Jésus a promis au criminel est sur le pourtour du ciel. C'est là qu'entreront les gens avec le premier niveau de foi et qu'ils demeureront pour l'éternité. Les âmes sauvées au Paradis ne recevront aucune espèce de récompense. Ce criminel sauvé a confessé ses péchés selon sa bonne conscience et a été pardonné en acceptant Jésus comme son Sauveur.

Cependant, il ne fit rien pour le Seigneur pendant sa vie sur la terre. C'est pourquoi il a reçu la promesse du Paradis où il n'y a pas de récompense. Si les gens ne font pas grandir leur foi aussi petite qu'un grain de sénevé, même après avoir reçu le Saint Esprit en acceptant Jésus Christ, ils seront sauvés de justesse et vivront éternellement au Paradis sans aucune récompense.

Vous ne devez cependant pas croire que seuls les nouveaux croyants ou les débutants dans la foi se trouvent au premier niveau de la foi. Même si vous avez mené une vie chrétienne pendant un temps assez long et même servi en tant qu'ancien ou diacre, vous recevrez un salut honteux si vos œuvres sont réduites en cendres dans le test de feu.

Pour cela vous devez prier et combattre pour vivre selon la Parole de Dieu après que vous ayez reçu le Saint Esprit. Si vous ne vivez pas selon la Parole de Dieu mais au contraire, continuez à pécher, votre nom sera effacé du Livre de Vie au ciel et vous n'entrerez pas dans le ciel.

4. N'éteignez pas le Feu du Saint Esprit

Il y a des gens qui ont pour un temps été fidèles mais qui sont graduellement devenus tièdes dans leur foi pour une variété de raisons, et qui reçoivent leur salut de justesse.

Un homme qui a été un ancien dans mon église a servi dans diverses fonctions de l'église, et sa foi semblait donc grande vue de l'extérieur. Il tomba cependant un jour sérieusement malade. Il ne pouvait même pas parler et est venu pour recevoir ma prière.

Au lieu de prier pour la guérison, j'ai prié pour son salut. A ce moment, son âme souffrait tellement de l'angoisse du combat entre les anges qui essaient de le conduire au ciel, et les esprits impurs qui essaient de l'amener en enfer. S'il avait possédé assez de foi pour être sauvé, les esprits impurs ne seraient même pas venus en première instance pour le chercher. Immédiatement j'ai prié pour chasser les esprits impurs, et j'ai prié Dieu qu'il reçoive cet homme. Tout de suite après la prière, il fut conforté et versa des larmes. Il s'est repenti avant de mourir et fut sauvé de justesse.

De la même manière, même si vous avez reçu le Saint Esprit, et avez été nommé à une fonction d'ancien ou de diacre, ce serait une honte aux yeux de Dieu que vous viviez dans le péché. Si vous ne vous détournez pas de cette vie spirituelle tiède, le Saint Esprit va graduellement disparaître, et vous ne serez pas sauvé.

Je connais tes œuvres, je sais que tu n'es ni froid,

ni bouillant. *Puisses-tu être froid ou bouillant ! Ainsi parce que tu es tiède, et que tu n'es ni froid ni bouillant, je te vomirai de Ma bouche. (Apocalypse 3 :15-16).*

Pour cela, vous devez réaliser qu'aller au Paradis est une chose tellement honteuse et vous devez être plus enthousiastes et énergiques concernant la maturation de votre foi.

Le même homme avait une fois déjà retrouvé sa santé après avoir reçu ma prière par le passé et même sa femme est revenue à la vie, de la vallée de l'ombre de la mort au travers de ma prière. En écoutant la Parole de vie, sa famille qui avait de nombreux problèmes est devenue une famille heureuse. A partir de cet instant, il a mûri en un ouvrier fidèle de Dieu au travers de ses épreuves et il devint fidèle dans ses obligations.

Cependant, lorsque l'église a connu une tribulation, il n'a pas essayé de la protéger ou de la défendre, mais au contraire, il permit que ses pensées soient contrôlées par Satan. Les paroles qui sortaient de sa bouche ont bâti un grand mur de péché entre Dieu et lui. Il ne pouvait même plus être placé sous la protection de Dieu et fut frappé d'une maladie sérieuse.

En tant qu'ouvrier de Dieu, il n'aurait pas dû voir ou écouter quoi que ce soit qui était contre la vérité et la volonté de Dieu, mais plutôt, il voulait écouter ces choses et les répandait. Dieu ne pouvait que détourner Sa face de cet homme parce qu'il avait tourné le dos à la grande grâce de

Dieu qui l'avait guéri d'une maladie sérieuse. Ses récompenses se sont effondrées, et il ne pouvait trouver la force de prier. Sa foi rétrograda et a finalement atteint un point où il ne pouvait même plus être certain de son salut. Heureusement, parce que Dieu s'est souvenu de ses services dans le passé pour l'église, l'homme a pu recevoir le salut honteux après que Dieu lui ait donné la grâce de se repentir de ce qu'il avait fait.

Pour cela, vous devez réaliser que l'attitude des profondeurs de votre cœur envers Lui et le fait d'agir selon Sa volonté, sont plus importants pour Dieu que le nombre d'années de votre foi. Si vous fréquentez régulièrement l'église, mais bâtissez un mur de séparation de péché en désobéissant à la Parole de Dieu, le Saint Esprit en vous disparaît, vous perdez la foi qui est petite comme un grain de sénevé (1 Thessaloniciens 5 :19), et vous ne recevrez pas le salut.

Dans Hébreux 10 :38, Dieu dit, « *Et mon juste vivra par la foi ; mais, s'il se retire, Mon âme ne prend pas plaisir en lui.* » Combien serez-vous misérables, si vous avez grandi dans votre foi pendant des années, uniquement pour retourner dans le monde ! Vous devez demeurer éveillés en tout temps afin de ne pas être tentés ou d'expérimenter la rétrogradation de votre foi.

5. Adam est-il Sauvé ?

Beaucoup de gens se demandent ce qu'il est advenu d'Adam et d'Eve après qu'ils eurent mangé du fruit de l'arbre de la connaissance du bien et du mal. Pouvaient-ils être sauvés même après avoir été maudits et chassés du jardin d'Eden à cause de leur désobéissance ?

Plongeons-nous maintenant dans le processus pendant lequel le premier homme Adam a désobéi au commandement de Dieu. Après que Dieu ait créé les cieux et la terre, Il a formé l'homme de la poussière de la terre à Son image et à Sa ressemblance. Lorsqu'Il a soufflé le souffle de vie dans l'homme, l'homme devint une âme vivante. Ensuite, il planta le Jardin d'Eden à l'est d'Eden, séparé de la terre, et il l'y amena.

Dans le Jardin d'Eden où tout était plus abondant et beau qu'en n'importe quel autre endroit de la terre, Adam n'avait aucun besoin et il jouissait de la bénédiction de la vie éternelle et du droit de gérer toutes choses. De plus, Dieu lui a donné une aide et les a béni afin qu'ils soient féconds, prospères et remplissent la terre. Dieu a donc béni le premier homme Adam pour vivre dans le meilleur environnement, sans aucun besoin.

Il y avait cependant une chose que Dieu avait défendue. Il a dit, *« Mais tu ne mangeras pas du fruit de l'arbre de la connaissance du bien et du mal, car le jour où tu en mangeras, tu mourras certainement. » (Genèse 2 :17)*. Ceci indique la marque de l'absolue souveraineté de Dieu et montre qu'Il a établi un ordre entre l'humanité et Lui.

Après qu'un long temps se soit passé, Adam et Eve ont négligé le commandement de Dieu et ont mangé du fruit de l'arbre sous la tentation du serpent. Ils ont péché et leurs esprits sont morts en conséquence de leur péché, et ils sont finalement devenus charnels et pécheurs.

Ils ont dû être chassés du Jardin d'Eden et vivre sur la terre au milieu de toutes sortes de souffrances telles que les maladies, les larmes, les regrets et la douleur, et ils sont morts lorsque leur souffle de vie s'est éteint, tout comme Dieu l'avait dit *« vous mourrez certainement. »*

Adam et Eve ont-ils reçu le salut et sont-ils allés au ciel ? Ils ont désobéi au commandement de Dieu et ont péché contre Lui. A cause de cela certaines personnes disent « ils n'ont pas été sauvés parce qu'ils ont péché et ont fait en sorte que toutes choses soient maudites et tous leurs descendants ont vécu dans les souffrances. Le Dieu d'amour a cependant ouvert le chemin du salut pour eux aussi. Leurs cœurs sont demeurés plus propres et gentils envers Dieu même après qu'ils aient péché, en contraste avec les gens d'aujourd'hui dont les cœurs sont chargés de toutes espèces de péchés et de mal dans ce monde mauvais.

En conséquence de leur péché, Adam a dû travailler à la sueur de son visage, tout à fait à l'inverse du temps où il vivait dans le Jardin d'Eden, et Eve a dû souffrir de plus grandes douleurs dans ses grossesses que dans le Jardin d'Eden. Tous deux ont aussi assisté au meurtre d'un de leurs fils par l'autre.

Au travers de ces souffrances et de ces expériences, Adam et Eve ont commencé à réaliser combien précieuses avaient été les bénédictions et l'abondance dont ils ont joui dans le Jardin d'Eden. Ils ont manqué le temps qu'ils ont vécu dans l'amour et la protection de Dieu. Ils ont réalisé dans leur cœur que tout ce dont ils avaient joui dans le Jardin d'Eden étaient les bénédictions et l'amour de Dieu, et ils se sont sincèrement repentis de leur désobéissance au commandement de Dieu.

Comment ce Dieu d'amour, qui pardonne même à un criminel lorsqu'il se repent du plus profond de son cœur, ne peut-il pas recevoir leur repentance ? En fait, ils ont été formés des mains mêmes de Dieu et nourris dans la grâce et le soin de Dieu pendant un temps très long. Comment Dieu pouvait-il les envoyer en enfer ?

Dieu a accepté la repentance d'Adam et Eve et les a conduit sur le chemin du salut dans Son amour. Bien sûr, ils ont été sauvés de justesse et ont atteint le Paradis. Cela est parce qu'ils ont abandonné l'amour de Dieu malgré qu'il les aimait tendrement. Leur désobéissance n'était pas une chose insignifiante parce qu'elle a apporté une grande douleur dans le cœur de Dieu, et a apporté la mort et la souffrance à un nombre incalculable de générations qui les ont succédées.

Supposons qu'il y ait un bébé qui ne grandit pas même après un temps assez long. Si le bébé grandit bien, son père et sa mère sont heureux. Cependant, si le bébé mange bien, mais ne grandit pas, l'anxiété et les soucis de ses parents augmentent jour après jour.

De la même manière, une fois que vous avez reçu le

Saint Esprit, et possédez la foi qui est petite comme un grain de sénevé, vous devez lutter pour augmenter votre foi en apprenant à obéir à la Parole de Dieu. Alors seulement, vous serez capables de recevoir tout ce que vous demandez au nom du Seigneur, donnerez gloire à Dieu et avancerez vers le royaume des cieux.

Puissiez vous ne pas être satisfaits avec le fait que vous êtes sauvés et que vous avez reçu le Saint Esprit, mais que vous luttiez pour grandir vers la plus grande mesure de foi et vous réjouir du droit et des bénédictions en tant qu'enfants bien-aimés de Dieu, au nom de Notre Seigneur, je prie !

5

La Foi pour Essayer de Vivre selon la Parole

1. Le Second Niveau de Foi

2. L'étape la plus Rude dans la Vie de la Foi

3. La Foi des Israélites pendant l'Exode

4. A moins que vous ne Croyiez et Obéissiez

5. Les Chrétiens Mûrs et Immaturés

Je trouve donc en moi cette loi ; quand je veux faire le bien, le mal est attaché à moi. Car je prends plaisir à la loi de Dieu selon l'homme intérieur, mais je vois dans mes membres une autre loi qui lutte contre la loi de mon entendement et qui me rend captif de la loi du péché, qui est dans mes membres. Misérable que je suis ! Qui me délivrera du corps de cette mort ? Grâce soit rendue à Dieu par Jésus Christ Notre Seigneur.... Ainsi donc, moi-même je suis par l'entendement esclave de la loi de Dieu, et je suis par la chair, esclave de la loi du péché
(Romains 7 :21-25)

Tandis que vous embarquez dans votre vie en Christ et recevez le Saint Esprit, vous devenez fervents et ardents dans votre vie de foi et êtres remplis de la joie du salut. Vous luttez pour obéir à la Parole de Dieu si vous apprenez à connaître Dieu et le ciel. Le Saint Esprit vous aide à comprendre la vérité et à suivre le chemin de la vérité. Si vous désobéissez à la Parole de Dieu, vous vous sentez misérables parce que le Saint Esprit en vous gémit et vous commencez à comprendre ce qu'est le péché.

De cette manière, même si vous avez d'abord la foi qui vous permet d'être sauvés de justesse, vous luttez pour vivre par la Parole de Dieu tandis que votre foi grandit. Examinons comment vous vivez votre vie dans la foi à ce stade.

1. Le Second Niveau de Foi

Lorsque vous êtes sauvés en croyant à Jésus Christ et que vous vous trouvez au premier niveau de foi, vous pourriez commettre des péchés sans vous en rendre compte parce que vous avez encore une connaissance limitée de la Parole de Dieu. C'est comme un bébé qui n'a aucune honte, même s'il est nu.

Cependant, si vous écoutez la Parole de Dieu et que vous sentez spirituellement qu'il y a la vie dans la Parole, vous avez soif d'entendre la Parole et de prier à Dieu. Lorsque vous voyez des ouvriers d'église fidèles, vous voulez aussi mener une vie fidèle en Christ.

Par conséquent, et graduellement, vous vous détournez de la manière de vivre du monde, fréquentez l'église et luttez pour écouter la Parole de Dieu. Il fut un temps où vous vous réjouissiez de vous réunir avec des amis séculiers, mais maintenant, vous voulez suivre des enseignements et des communions fraternelles spirituels, parce que votre cœur cherche l'Esprit.

Au second niveau de la foi, vous apprenez comment vivre en Chrétien. Vous gardez le jour du Seigneur saint et apportez toute votre dîme à la maison de Dieu. Vous apprenez que vous devez être toujours joyeux, prier sans cesse et rendre grâce en toutes circonstances. Vous apprenez à aimer vos voisins comme votre propre corps, et à aimer même vos ennemis. On vous a aussi dit que vous deviez non seulement chasser toute sorte de mal, tels la haine, l'envie, le jugement ou la calomnie, mais aussi rechercher le cœur du Seigneur. A ce tournant, vous prenez la décision de vivre par la Parole.

2. L'étape la plus Rude dans la Vie de la Foi

De cette manière vous faites tous les efforts pour obéir à la Parole, parce que vous connaissez la vérité. En même temps cependant, vous ressentez un fardeau parce qu'il n'est pas toujours facile de vivre par la Parole. Votre action semble être en conflit avec votre volonté.

Dans beaucoup de cas, vous ne pouvez pas vivre selon la Parole, parce que la force spirituelle suffisante pour suivre la Parole de Dieu ne vous a pas encore été donnée. Certaines personnes peuvent même soupirer et se lamenter en disant « Je souhaite que je n'aie jamais connu l'église ».

Laissez-moi clarifier ceci par un exemple. Vous voulez respecter le jour du Seigneur chaque dimanche, mais parfois, vous ne pouvez pas le garder saint, en raison de certaines réunions spéciales ou rendez-vous. Parfois vous assistez au culte du matin, mais vous ratez la réunion du dimanche soir. Parfois vous allez au mariage de vos amis ou de membres de votre famille sans assister au culte du dimanche.

Vous savez aussi que vous devez offrir à Dieu toute la dîme, mais parfois, vous n'obéissez pas à ce commandement. A d'autres moments, vous vous sentez pleins de haine envers les autres malgré que vous essayiez de ne pas haïr. La convoitise est attisée à la vue d'un membre attractif du sexe opposé, parce que cet élément de péché et de mal demeure toujours dans votre cœur (Matthieu 5 :28).

De la même manière, si vous êtes au second niveau de foi, vous faites de votre mieux pour obéir à la Parole de Dieu, malgré que la force pour lui obéir parfaitement ne vous ait pas encore été donnée. Vous faites cependant tous les efforts possibles pour chasser vos péchés, tels que juger les autres, envier, jalouser, l'adultère et autres choses similaires, qui sont toutes opposées à la Parole.

Ne pas toujours obéir à la Parole

Dans Romains 7 :21-23, l'apôtre Paul discute en détail pourquoi le second niveau de foi est le plus rude niveau de la vie de foi :

Je trouve donc en moi cette loi ; quand je veux faire le bien, le mal est attaché à moi. Car je prends plaisir à la loi de Dieu selon l'homme intérieur, mais je vois dans mes membres une autre loi qui lutte contre la loi de mon entendement et qui me rend captif de la loi du péché, qui est dans mes membres.

Il y a certains chrétiens qui se sentent anxieux, parce qu'ils connaissent la Parole mais n'obéissent pas encore aux commandements de Dieu. C'est le travail des leaders spirituels de les conduire avec sagesse sur le chemin de la vérité.

Imaginons qu'il y a un homme qui ne peut s'arrêter de boire ou de fumer. Si vous lui faites des reproches en disant « si tu continues à boire ou à fumer, Dieu sera fâché contre toi », il va hésiter à venir à l'église et éventuellement quitter Dieu. Vous auriez mieux fait de l'encourager en disant « vous pouvez facilement arrêter de boire ou de fumer, parce que Dieu va vous aider. Si votre foi grandit, cela deviendra facile de les quitter. C'est pourquoi, continuez à prier avec foi à Dieu ». De cette manière, vous ne le conduirez pas vers Dieu avec un sentiment de culpabilité, de peur ou de punition. Au contraire, vous devez le conduire vers Dieu avec joie et reconnaissance, avec le sentiment et l'assurance de l'amour de Dieu.

Comme un autre exemple, supposons qu'il y ait un homme qui fréquente uniquement le culte du matin et qui ouvre son magasin l'après midi. Que lui direz-vous ? Vous feriez mieux de le guider et de l'exhorter avec amour, en disant « Dieu est heureux lorsque vous gardez complètement saint le jour du Seigneur. Si vous gardez saint le Jour du Seigneur et que vous priez pour Ses bénédictions, vous allez sûrement voir que Dieu vous bénira plus abondamment que ce que vous pouvez gagner en ouvrant votre magasin le Jour du Seigneur ».

Néanmoins, cela ne veut pas dire que c'est bien pour la mesure de foi de quelqu'un de rester inchangée, sans croître. Tout comme nous pouvons le voir dans le développement d'un enfant qui, sans croissance correcte et ponctuelle, devient malade, chétif ou meurt, tout comme la foi d'un tel individu faiblit avec le temps et il sera très éloigné du chemin du salut. Combien ce serait misérable s'il ne peut pas être sauvé !

Jésus nous dit dans Apocalypse 3 :15-16, « *Je connais tes œuvres, je sais que tu n'es ni froid, ni bouillant. Puisses tu être froid ou bouillant ! Ainsi parce que tu es tiède, et que tu n'es ni froid ni bouillant, je te vomirai de Ma bouche.* » Dieu nous reprend et nous informe que nous ne pouvons pas être sauvés avec une foi tiède. Si votre foi est froide, Dieu est capable de vous conduire à la repentance et au salut en vous permettant des épreuves. Cependant, si vous avez toujours une foi tiède, il n'est pas facile de vous retrouver et de vous repentir de vos péchés.

3. La Foi des Israélites pendant l'Exode

Lorsque vous échouez à vivre selon la Parole de Dieu, vous avez tendance à vous plaindre et à murmurer sur vos difficultés au lieu de les surmonter avec foi et joie. Le Dieu d'amour cependant, le tolère et vous encourage continuellement à vivre et à demeurer dans la vérité.

Prenons un exemple. Les israélites avaient été réduits en esclavage pendant à peu près 400 ans en Egypte. Ils ont quitté cet endroit sous la conduite de Moïse et ont vu les puissantes œuvres de Dieu en action à de nombreuses reprises pendant qu'ils marchaient vers le pays de Canaan.

Ils ont expérimenté les dix plaies infligées à l'Egypte ; les eaux de la mer rouge divisées en deux ; et les eaux amères de Mara changées en eau douce et potable. Ils ont aussi mangé la manne et les cailles qui venaient du ciel pendant qu'ils traversaient le désert du péché. Ils ont expérimenté les œuvres miraculeuses de la puissance de Dieu d'une telle manière.

Malgré cela, ils ont murmuré et se sont plaint plutôt que de prier avec foi chaque fois qu'ils rencontraient des difficultés. Dieu abondait cependant en amour, avait la miséricorde d'être avec eux et les conduisait jour et nuit jusqu'à ce qu'ils arrivent à la Terre Promise.

Un peuple plaintif et indigné

Pourquoi les israélites ont-ils continué à se rebeller et à grogner chaque fois qu'ils rencontraient des difficultés ou des épreuves ? Ce n'était pas à cause de la situation en soi, mais à cause de leur foi. S'ils avaient eu une foi véritable, ils se seraient réjouis de Canaan, la Terre Promise dans leurs cœurs, malgré le fait qu'ils étaient en réalité dans le désert. En d'autres termes, s'ils avaient cru que Dieu les aurait sûrement conduit vers le pays de Canaan, ils l'auraient atteint en surmontant toutes les espèces de difficultés, sans ressentir de l'angoisse ou de la douleur, et cela peu importe le genre de difficultés qu'ils pouvaient rencontrer dans le désert.

En fonction du type de foi et de l'attitude que les gens ont, leurs réactions peuvent être différentes, et cela même dans le même environnement ou situation. Certains ressentent de l'angoisse dans les difficultés ; d'autres les acceptent avec un sens du devoir ; et d'autres encore trouvent la volonté de Dieu au milieu de ces difficultés et Lui obéissent avec joie et reconnaissance.

Comment pouvez-vous mener une vie en Christ pleine de reconnaissance et sans plaintes ? Laissez-moi m'étendre sur le sujet par un exemple. Admettons que vous vivez à Séoul et que vous vous trouvez dans un grand problème financier.

Un jour, quelqu'un vient vers vous et dit, « il y a un diamant de la taille d'un ballon de football enterré sur une certaine plage de Pusan, environ 266 miles au sud-est de Séoul. Il est à vous si vous le trouvez. Vous pouvez marcher ou courir vers la côte, mais vous n'êtes pas autorisés à conduire, prendre un bus, un train ou un avion pour y aller. »

Comment réagiriez-vous ? Vous ne direz jamais, « D'accord. Le diamant m'appartient maintenant, parce qu'il me l'a donné, et j'irai donc le prendre l'année prochaine », ou « j'irai là-bas le mois prochain parce qu'en ce moment je suis relativement occupé ». Vous auriez sûrement hâte de commencer à courir dès le moment où il vous annonce la nouvelle.

Lorsque les gens entendent la même nouvelle, la plupart d'entre eux courraient vers Pusan et prendraient tout raccourci possible pour avoir le précieux diamant le plus vite possible. Personne n'abandonnera sur le chemin de Pusan, malgré les douleurs aux pieds ou la fatigue. Au contraire, vous allez courir pour avoir le précieux diamant avec reconnaissance et joie sans vous plaindre de la douleur de vos pieds.

De la même manière, si vous avez une espérance confiante et une foi qui ne change pas, pour l'éternel et merveilleux royaume céleste, vous pouvez courir la course de la foi sans vous plaindre sous aucune circonstance jusqu'à ce que vous ayez atteint le ciel.

Des gens obéissants

Si vous obéissez à la Parole de Dieu, vous ne ressentez pas d'angoisse ou de fardeau dans votre vie chrétienne, mais vous y prenez plaisir et joie. Si vous vous sentez mal à l'aise dans votre marche de foi, cela témoigne de votre désobéissance à la Parole de Dieu et de votre opposition à Sa volonté.

Voici une parabole. Dans les temps anciens, des chevaux étaient utilisés pour tirer des wagons. Les chevaux étaient souvent frappés, malgré qu'ils travaillent pour leur maître. Ils ne devraient pas être frappés s'ils obéissaient à leurs maîtres, mais s'ils allaient de leur propre chemin, sans obéir à leur maître, ils ne pouvaient pas échapper à de sévères coups.

Il en va de même pour les gens qui désobéissent à la Parole de Dieu. De telles personnes ont leurs propres voies et font grogner le Maître. De temps à autre, elles sont frappées. Au contraire, les gens qui obéissent à la Parole de Dieu, en disant : « Dieu dis moi. Je ne suivrai que Toi », mènent des vies paisibles et faciles.

Par exemple, Dieu nous ordonne, « Ne vole pas. » Lorsque vous obéissez à ce commandement, vous vous sentez en paix. Cependant, si vous ne l'obéissez pas, vous vous sentez mal à l'aise parce que vous avez le désir de voler. Il est tout à fait naturel qu'un enfant de Dieu jette tout ce que Dieu lui demande de jeter. S'il ne le fait pas, il se sent angoissé dans son cœur.

C'est pourquoi, Jésus dit dans Matthieu 7 :13-14, « *Entrez par la porte étroite. Car large est la porte, spacieux est le chemin qui mènent à la perdition, et il y en a beaucoup qui entrent par là. Mais étroite est la porte, resserré le chemin qui mènent à la vie, et il y en a peu qui les trouvent.* »

Les débutants dans la foi trouvent cela ardu et difficile, d'obéir à la Parole de Dieu, comme le fait d'essayer d'entrer par une porte étroite. Cependant, ils réalisent graduellement que c'est le chemin du ciel et une route véritable et heureuse.

4. A moins que vous ne Croyiez et Obéissiez

Vous avez probablement déjà entendu de nombreuses fois ces versets dans 1 Thessaloniciens 5 : *« Soyez toujours joyeux, priez sans cesse. Rendez grâce en toutes choses, car c'est à votre égard la volonté de Dieu en Jésus Christ. »* *(V16-18)*.

Perdez-vous la joie quand quelque chose de triste vous arrive ? Froncez-vous les sourcils lorsque quelqu'un vous crée des problèmes ? Devenez-vous plein de soucis et d'anxiété lorsque vous êtes dans des difficultés financières ou persécutés par quelqu'un ?

Certains le trouveraient hypocrite d'être joyeux et reconnaissants, même dans des temps de difficultés. Ils pourraient demander, « Pourquoi devrais-je rendre grâce alors qu'il n'y a aucune raison de rendre grâce ? » Ils savent aussi qu'ils doivent être patients mais ils deviennent irrités et de mauvaise humeur lorsqu'ils font face à des situations difficiles à supporter.

Ils commettent l'adultère dans leur cœur lorsqu'ils regardent une femme attrayante parce qu'ils n'ont pas encore rejeté la convoitise du cœur. Ces choses prouvent que de telles personnes n'ont pas chassé leurs péchés en les combattant, et qu'ils n'obéissent pas à la Parole de Dieu.

Vous n'entendez pas la voix du Saint Esprit

Si vous connaissez bien la Parole de Dieu, mais que vous ne lui obéissez pas, vous ne pouvez pas entendre la voix du Saint Esprit, ni être guidés par Lui., parce que vous aurez bâti un mur de péché entre Dieu et vous. Cependant, même un débutant dans la foi peut entendre Sa voix et être conduit par Lui quand il continue à obéir à la Parole de Dieu. Tout comme un petit enfant ne doit se soucier de rien lorsqu'il obéit à ses parents, Dieu Lui-même se réjouit de vous et vous conduit lorsque vous continuez à Lui obéir, même avec une petite foi.

Voici un exemple. Les parents prennent soin de leur petit enfant en toutes circonstances. Ils ne doivent cependant plus prendre soin de lui avec autant d'attention lorsqu'il grandit jusqu'à marcher seul et se nourrir par lui-même. Ils ne doivent plus le traiter comme un nourrisson dès le moment où il entre à l'école élémentaire. Les parents ressentiront cependant de la douleur et de l'angoisse si l'enfant ne porte pas ses chaussures convenablement ou ne fait pas des choses qu'il devrait faire de lui-même à son âge.

De la même manière, si vous avez mené une vie chrétienne suffisamment longue pour devenir un dirigeant ou un ouvrier dans votre église, vous devez obéir à la Parole de Dieu. Si vous écoutez Sa Parole, mais continuez à vivre une vie chrétienne avec des réminiscences d'un petit enfant et que vous continuez à bâtir un mur de péchés contre Dieu, Son épreuve tombera sur vous.

Dans un tel cas, vous ne serez pas capables de recevoir des réponses de Dieu même si vous Le priez. Vous ne pouvez pas porter un bon fruit dans votre vie et recevoir la protection de Dieu. Vous n'allez pas prospérer, mais au contraire, connaître des difficultés. Vous devrez vivre une vie douloureuse et soucieuse, pleine d'angoisse et de soucis.

Vous ne recevez ni les réponses de Dieu, ni Sa protection

Si vous êtres au second niveau de foi, vous savez très bien ce qu'est le péché, et que vous devez rejeter le mal et la contrevérité qui sont en vous. Si vous ne les avez pas chassés et que vous les avez toujours en mémoire, comment pouvez-vous, sans honte, vous approcher du Dieu saint qui est la lumière même ? Votre ennemi Satan et le diable vous approchent et font en sorte que vous doutiez de Dieu et en fin de compte vous tentent pour que vous retourniez dans le monde.

Il y avait un ancien dans mon église qui essayait de porter du fruit dans de nombreuses affaires, en se posant la question, « que ferais-je pour mon berger ? »

Il ne connaissait cependant pas le succès, parce qu'il était physiquement fidèle, mais n'avait pas circoncis son cœur, ce qui est le plus important. Il a fait honte à Dieu, en ne suivant pas le bon chemin à cause de ses pensées charnelles et son cœur qui recherchait souvent son propre bien. Il a aussi fait des remarques malhonnêtes, s'est fâché avec d'autres personnes et a désobéi à la Parole de Dieu de diverses manières.

De plus, malgré que ses problèmes financiers et personnels persistaient, il ne s'est pas accroché à la foi, mais est entré en compromis avec l'injustice. Finalement, parce que la mesure de la rétrogradation de sa foi risquait de lui faire perdre tous les prix qu'il avait acquis jusque là, Dieu rappela son âme à l'occasion la plus favorable.

A cause de cela, vous devez réaliser que la chose la plus importante n'est pas la fidélité physique, ni les titres dans l'église, mais de chasser vos péchés tandis que vous vivez par la Parole de Dieu.

5. Les Chrétiens Mûrs et Immaturés

Si vous êtes au premier niveau de foi, vous ne vous sentez pas troublés et vous n'entendez pas le Saint Esprit grogner, même si vous commettez des péchés. C'est parce que vous ne pouvez pas encore discerner la vérité de la contrevérité et que vous ne réalisez pas que vous commettez un péché, malgré le fait que vous le commettez. Dieu ne vous blâme pas aussi sévèrement lorsque vous commettez des péchés, parce que vous ne pouvez pas discerner la vérité de la contrevérité à cause du manque de connaissance de la Parole de Dieu.

C'est pareil pour un petit bébé qui n'est pas blâmé même lorsqu'il renverse un verre d'eau ou brise une porcelaine fine pendant qu'il se roule sur le sol. Au contraire, ses parents ou les autres membres de la famille ne mettent pas de blâme sur le bébé, mais bien sur leur propre négligence.

Si vous entrez le deuxième niveau de foi cependant, vous allez entendre le gémissement du Saint Esprit en vous et vous allez ressentir de la détresse lorsque vous commettez le péché. Vous ne pouvez toujours pas comprendre chaque Parole de Dieu, parce que vous êtes comme un petit enfant en esprit, et il n'est pas facile pour vous d'obéir à la Parole de vous-mêmes. C'est pourquoi les gens qui sont au premier ou second niveau de foi, sont appelés « chrétiens nourris au lait ».

Des chrétiens nourris au lait

L'apôtre Paul écrit dans 1 Corinthiens 3 : 1-3 comme suit :

> *Pour moi frères, ce n'est pas comme à des hommes spirituels que j'ai à vous parler, mais comme à des hommes charnels, comme à des enfants en Christ. Je vous ai donné du lait, non de la nourriture solide, car vous ne pouviez pas la supporter ; et vous ne le pouvez pas même à présent, parce que vous êtes encore charnels. En effet, puisqu'il y a parmi vous de la jalousie et des disputes, n'êtes-vous pas charnels et ne marchez vous pas selon l'homme ?*

Si vous acceptez Jésus Christ, vous recevez le droit de

devenir enfant de Dieu et votre nom est inscrit dans le Livre de Vie au ciel. Vous êtes cependant traité comme un petit enfant en Christ, parce que vous n'avez pas encore complètement restauré l'image perdue de Dieu.

Pour cette raison, il faut prendre grand soin de ceux qui se trouvent au premier ou au second niveau de foi. Il faut leur enseigner la Parole de Dieu et les encourager à vivre selon elle, comme si vous nourrissiez un nourrisson avec du lait.

C'est pourquoi les gens qui sont au premier ou au second niveau de foi sont appelés des « chrétiens nourris au lait ». Si leur foi grandit et qu'ils commencent à comprendre et à obéir d'eux-mêmes à la Parole de Dieu, ils sont appelés « chrétiens nourris avec de la nourriture solide ».

Donc, si vous êtes un chrétien nourri au lait – au premier ou au second niveau de foi – vous devez faire de votre mieux pour devenir un chrétien qui mange de la nourriture solide. Cependant, vous devez vous souvenir que vous ne pouvez pas énergiquement passer de la vie d'un chrétien nourri au lait à celle d'un chrétien nourri à la nourriture solide. Si vous faites cela, vous allez souffrir d'une indigestion, tout comme lorsqu'un nourrisson est nourri avec de la nourriture solide, il aura des troubles digestifs.

Pour cela, vous devez être sages en prenant soin de votre épouse, de vos enfants ou de quelqu'un qui a une petite foi. Vous devez d'abord vous mettre dans leurs souliers, et les conduire à grandir dans leur foi en leur enseignant le Dieu vivant, au lieu de les blâmer et de leur reprocher leur peu de foi qui est le produit de leurs cœurs bornés et de leurs œuvres de désobéissance.

Dieu ne punira pas des gens au premier ou au second niveau de foi même s'ils ne gardent pas saint le Jour du Seigneur ou ne vivent pas complètement selon la Parole. Au contraire, Il comprend leur situation et les conduit avec amour. De cette manière, nous devons être capables de discerner la mesure de notre foi aussi bien que celle des autres, ainsi que d'agir avec sagesse selon la mesure de la foi.

Les chrétiens qui mangent de la nourriture solide

Si vous luttez pour mener une bonne vie chrétienne, même si vous êtes au premier ou au second niveau de foi, Dieu vous protège de beaucoup de troubles et d'épreuves. Vous ne devez cependant pas vous arrêter à la mesure du second niveau de foi sans continuer à améliorer votre foi. Tout comme les parents sont anxieux de ne pas voir leurs enfants grandir correctement, mais sont pleinement satisfaits lorsque leurs enfants grandissent bien, un enfant de Dieu doit aussi ardemment grandir sa foi par la prière et la Parole.

Donc, d'une part, au temps le plus opportun, Dieu permet des difficultés afin qu'Il puisse vous conduire vers le troisième niveau de foi. Il ne vous bénit pas uniquement par la croissance de votre foi mais aussi avec beaucoup d'autres choses. Au plus grandes les difficultés que vous surmontez, au plus grandes les bénédictions de Dieu.

D'autre part, si vous êtes supposés être au troisième

niveau de foi, mais que vous vivez une vie qui correspond à quelqu'un au premier ou au second niveau de foi, Dieu vous envoie des épreuves disciplinaires au lieu d'un test pour les bénédictions.

Supposons qu'il y ait un enfant qui manque de nutriments équilibrés parce qu'il s'accroche à ne boire que du lait sans consommer d'autre nourriture nutritionnelle. S'il insiste sur le lait, il peut tomber malade à cause de la malnutrition et même mourir. Dans une telle situation, les parents font naturellement de leur mieux pour nourrir leur enfant avec de la nourriture nutritionnelle.

De la même manière, quand les enfants de Dieu connaissent Sa Parole mais prennent le chemin de la mort, sans obéir à la Parole, Dieu – qui au travers de Son fils Jésus Christ veut gagner des enfants véritables – permet des épreuves dans leur vie, avec un cœur brisé, sous les accusations de Satan.

Dieu traite Ses enfants comme suit : « *car le Seigneur châtie celui qu'Il aime, et Il châtie de la verge tous ceux qu'Il reconnaît pour Ses fils. Supportez le châtiment : c'est comme des fils qu'on vous traite ; car quel est le fils qu'un père ne châtie pas ?* » *(Hébreux 12 :6-7)*

Si un enfant de Dieu a commis des péchés, mais ne se discipline pas, cela prouve que cette personne est très loin de l'amour de Dieu. Ce sera pour lui la tragédie des tragédies s'il tombe en enfer par ce que Dieu ne l'accepte plus comme un fils.

C'est pourquoi, si les épreuves disciplinaires de Dieu

viennent sur vous lorsque vous commettez des péchés, vous devez vous souvenir qu'il s'agit de l'évidence de Son amour et vous repentir profondément de vos péchés. Au contraire, si Dieu ne vous discipline pas, même si vous avez commis des péchés, alors, sans abandonner, vous devez essayer de vous repentir de vos péchés et recevoir le pardon.

Vos péchés peuvent être pardonnés, non seulement lorsque vous vous en repentez avec vos lèvres, mais aussi lorsque vous vous détournez du chemin du péché. La véritable repentance avec des larmes n'est pas faite de votre propre volonté, mais par la grâce de Dieu. C'est pourquoi, vous devez sincèrement demander à Dieu qu'Il puisse vous donner la grâce de la repentance avec les larmes. Si cette grâce vient sur vous, vous devez vous repentir avec des larmes et des reniflements, et une repentance qui déchire le cœur en sortira.

Alors seulement, le mûr de péchés contre Dieu sera détruit et votre cœur sera rafraîchi et léger. Vous serez rempli du Saint Esprit, d'une joie et d'une reconnaissance débordantes, et ceci est la preuve que vous avez restauré l'amour de Dieu.

Si vous êtes supposés être au troisième niveau de la foi, mais que vous vous comportez et que vous vivez de la manière qui convient à ceux qui sont au second niveau de foi, il sera difficile pour vous de recevoir d'en haut la foi nécessaire pour surmonter vos problèmes. Lorsque la foi donnée par Dieu ne vient pas sur vous, il est impossible à vos maladies d'être guéries par votre foi et vous allez vous retrouver à faire confiance à des méthodes du monde. Cependant, si vous vous repentez sincèrement de vos péchés avec des larmes, et que vous vous détournez du chemin du péché, vous allez rapidement restaurer le troisième niveau de foi.

Si vous avez compris ce principe de la croissance de la foi, vous ne devez plus être satisfait avec votre niveau de foi actuel. Tout comme un enfant grandit pour entrer à l'école élémentaire, puis l'école primaire, le secondaire, l'université et ainsi de suite, vous devez essayer de faire de votre mieux pour améliorer votre foi jusqu'à atteindre la plus haute mesure de foi.

Si vous êtes au second niveau de foi, votre foi grandit vite avec l'accomplissement du Saint Esprit, parce que votre foi, même si elle est petite comme un grain de moutarde, a déjà été plantée et à commencé à germer. En d'autres termes, votre foi grandit suffisamment pour obéir à la Parole de Dieu, tandis que vous vous armez de la Parole, en écoutant ardemment la Parole, assistant à tous les services d'adoration et priant instamment.

Puissiez-vous non seulement stocker la Parole de Dieu en tant que simple connaissance, mais aussi lui obéir jusqu'à verser le sang et atteindre une plus grande foi, au nom du Seigneur je prie !

6

La Foi pour Vivre par la Parole

1. Le Troisième Niveau de Foi

2. Jusqu'à Atteindre le Rocher de la Foi

3. Se battre contre le Péché jusqu'à verser le Sang

C'est pourquoi quiconque entend ces paroles que je dis et les met en pratique, sera semblable à un homme prudent qui a bâti sa maison sur le roc. La pluie est tombée, les torrents sont venus, les vents sont venus et se sont jetés contre cette maison, elle n'est point tombée parce qu'elle était fondée sur le roc.

(*Matthieu 7 :24-25*)

Différentes personnes ont différentes mesures de foi. La foi est un don de Dieu qui vous est donné afin de vous permettre d'accomplir la vérité dans votre cœur. Lorsque votre foi de connaissance est transformée en foi donnée par Dieu, vous pouvez recevoir Ses réponses.

Comme je l'ai mentionné dans les chapitres précédents, lorsqu'on vous dit que vous êtes au premier niveau de foi pour recevoir le salut, vous recevez le Saint Esprit, et votre nom est inscrit dans le Livre de Vie au ciel. Alors vous commencez à former une relation avec Dieu et vous L'appelez « Dieu mon Père ».

Ensuite, votre foi va grandir et vous allez vous réjouir d'écouter la Parole de Dieu, rempli du Saint Esprit, et vous allez essayer de lui obéir comme on vous l'a enseigné. Vous n'obéissez cependant pas à toute la Parole, cette Parole commence à devenir un fardeau et vous ne recevez pas toutes les réponses. A ce stade on dit que vous êtes au second niveau de la foi.

Comment pouvez-vous atteindre le suivant – troisième – niveau de foi où vous pouvez vivre selon la Parole ? Quel genre de vie chrétienne allez-vous mener au troisième niveau de foi ?

1. Le Troisième Niveau de Foi

Lorsque quelqu'un accepte le Seigneur et qu'il reçoit le Saint Esprit, une semence de foi est plantée dans son cœur qui est petite comme une semence de moutarde. Si la semence de foi germe, elle atteint un niveau de foi auquel vous pouvez *essayer d'obéir* à la Parole, et ensuite atteindre un niveau plus élevé où vous pouvez lui *obéir*.

Au début vous n'obéissez pas à beaucoup de la Parole, malgré que vous l'entendiez, mais tandis que votre foi grandit, vous pouvez la comprendre plus en profondeur et lui obéir plus. Pour cette raison, « la foi pour obéir » est aussi appelée « le foi qui vous permet de comprendre. »

Comprendre la Parole de Dieu est différent que de la stocker en tant que connaissance. C'est-à-dire essayer d'obéir de force à la Parole de Dieu parce que vous savez que la Bible est la Parole de Dieu est fort différent que d'obéir à la Parole volontairement et promptement parce que vous comprenez pourquoi vous devez lui obéir.

Obéir à la Parole par la compréhension

Voici un exemple. Supposons que vous avez écouté un message qui était prêché comme suit : « Si vous gardez saint le Jour du Seigneur et que vous donnez l'offrande de toute la dîme, Dieu éloignera de vous toutes sortes d'épreuves et de troubles. Il vous guérira de toutes sortes de maladies. Il bénira votre âme et vous donnera des bénédictions financières. »

Si vous croyez que vous connaissez la Parole après avoir entendu le message mais que vous ne le comprenez pas dans votre cœur, vous n'allez pas toujours obéir à la Parole dans votre vie quotidienne. Vous pouvez essayer d'obéir à la Parole en pensant, « Oui, cela semble juste », et lui obéir parfois, mais à d'autres moments, ne pas lui obéir, en fonction de votre situation. Ce cycle peut se renouveler jusqu'à ce que vous atteigniez la foi parfaite dans la Parole.

Cependant, si vous comprenez la Parole et que vous la croyez dans votre cœur, vous allez garder saint le Jour du Seigneur, donner la totalité de votre dîme, et ne vous compromettre en aucune circonstance.

Par exemple, supposons que le président d'une société ait dit à tous ses employés « si quelqu'un d'entre vous fait des heures supplémentaires, je vous donnerai à tous une prime pour les heures supplémentaires et je vous donnerai une promotion. » Si le choix du travail supplémentaire dépend de chaque employé, que feraient les employés s'ils croient en la promesse du président ?

Ils feront sûrement du travail supplémentaire, à moins qu'ils n'aient une bonne raison de ne pas le faire. Généralement il faut plusieurs années pour être promu dans une entreprise, et cela nécessite des efforts pour passer l'examen de promotion. Considérant toutes ces choses, aucun employé de cette entreprise n'hésitera à faire des heures supplémentaires pendant une nuit, un mois, ou même plus longtemps.

Il en va de même pour le commandement de Dieu de garder saint le Jour du Seigneur et de donner la dîme. Si vous faites totalement confiance à la promesse de Dieu, en gardant saint le Jour du Seigneur et en donnant toute votre dîme, que feriez-vous ?

Votre obéissance vous apporte des bénédictions

Lorsque vous gardez saint le Jour du Seigneur, vous reconnaissez la souveraineté de Dieu. Vous reconnaissez que Dieu est le Seigneur du monde spirituel. C'est pourquoi Dieu vous protège de toutes sortes de désastres et d'accident pendant la semaine, et vous bénit afin que votre âme se porte bien si vous gardez saint le Jour du Seigneur. Vous reconnaissez aussi la souveraineté de Dieu au travers de l'offrande de la dîme, parce que vous considérez que toutes choses dans les cieux et sur la terre, appartiennent à Dieu.

Etant donné que Dieu est le Créateur de toutes choses, la vie elle-même vient de Dieu, et la force avec laquelle vous faites des efforts et faites de votre mieux vient aussi de Lui. En d'autres termes, tout appartient à Dieu. Selon ce principe, tout votre revenu appartient à Dieu, mais il vous permet de ne Lui donner qu'un dixième de ce revenu et d'utiliser le reste pour vous.

Malachie 3 :8-9 nous rappelle, « *Un homme trompe t-il Dieu ? Car vous Me trompez, et vous dites, en quoi T'avons-nous trompé ? Dans les dîmes et les offrandes. Vous êtes frappés par la malédiction, et vous Me trompez, la nation toute entière.* »

D'une part, vous êtes sous une malédiction si vous commettez le péché sérieux de voler Dieu de votre dîme. D'autre part, si vous donnez toute la dîme à Dieu en obéissance à Son commandement, vous serez toujours sous Sa protection et vous recevrez les bénédictions et une bonne mesure, serrée, secouée et qui déborde (Luc 6 :38).

Une compréhension correcte apporte l'obéissance

Uniquement lorsque vous comprenez la véritable signification de la Parole, au-delà d'un simple stockage en tant qu'information, vous pouvez lui obéir et recevoir les bénédictions de Dieu qui vous récompensent en fonction de ce que vous avez fait. Si vous ne comprenez pas la véritable signification de la Parole cependant, vous n'êtes pas en mesure de lui obéir complètement, même si vous essayez de le faire, parce que vous ne la possédez et la gardez uniquement comme une connaissance dans votre cerveau.

Simultanément, vous devez lutter pour grandir votre foi. Un bébé mourra s'il n'est pas nourri. Il doit être régulièrement nourri, bouger ses mains et ses pieds, et voir, entendre et apprendre de ses parents et des autres. Dans ce processus, la connaissance du bébé et sa sagesse augmentent et il grandit et mûrit bien et convenablement.

De la même manière, les croyants ne doivent pas seulement écouter la Parole de Dieu, mais doivent aussi essayer de comprendre sa véritable signification. Lorsque vous priez pour obéir à la Parole de Dieu, vous serez capables de comprendre sa signification et gagnerez de la force pour lui obéir.

Par exemple, Dieu dit dans 1 Thessaloniciens 5 :16-18, « *Soyez toujours joyeux. Priez sans cesse. Rendez grâce en toutes choses, car c'est à votre égard, la volonté de Dieu en Jésus Christ.* » Les gens au second niveau de la foi sont, avec un sens du devoir, enclins à prier, à rendre grâce et à être joyeux, parce que c'est le commandement de Dieu. ils ne lui rendent cependant pas grâce lorsqu'ils ne se sentent pas reconnaissants ou ne sont pas joyeux parce qu'ils sont confrontés à des situations difficiles, et cela parce qu'ils essaient d'obéir à la Parole uniquement par un sens du devoir.

Les gens au troisième niveau de foi cependant, peuvent obéir à la Parole parce qu'ils se tiennent sur le rocher de la foi. Ils comprennent pourquoi ils doivent rendre grâce en toutes circonstances, pourquoi ils doivent prier sans cesse et être toujours dans la joie. Ils sont donc toujours joyeux et reconnaissants du plus profond de leur cœur et ils prient constamment, dans toutes les circonstances.

Alors, pourquoi Dieu vous demande-t-Il d'être joyeux en tous temps ? Quel est le sens véritable de ce commandement ? Si vous n'êtes joyeux que si quelque chose d'heureux ou de joyeux vous arrive et que vous n'êtes pas joyeux dès que vous faites face à des difficultés ou des soucis, vous n'êtes pas mieux que les gens du monde qui ne croient pas en Dieu.

Ces gens sont à la poursuite des choses terrestres parce qu'ils ne savent pas d'où viennent les êtres humains ni où ils vont. Ils ne sont donc joyeux que lorsque leur vie est remplie d'évènements heureux et agréables. En d'autres occasions, ils sont dépassés et engloutis dans des soucis, l'anxiété, les regrets ou la douleur qui proviennent du monde.

Les croyants cependant, peuvent vivre d'une manière tout à fait différente de telles personnes, parce qu'ils ont l'espérance du ciel. Nous en tant que chrétiens, nous ne devons pas nous soucier ou être anxieux parce que notre véritable Père est le Dieu qui a créé les cieux et la terre et qui a gouverné toutes choses et l'histoire humaine. Pourquoi craindrions-nous et aurions-nous peur ? De plus, comme nous allons jouir de la vie éternelle dans le royaume des cieux au travers de Jésus, nous n'avons pas d'autre choix que d'être joyeux.

La foi pour obéir à la Parole

Si vous comprenez la Parole de Dieu du plus profond de votre cœur, vous pouvez être joyeux même dans les temps où vous ne pouvez pas être joyeux, rendre grâce en tous temps, même lorsque c'est difficile pour vous de rendre grâce, et prier même dans des moments où il est difficile pour vous de vous forcer à prier. Alors seulement, votre ennemi le diable s'éloignera de vous, les troubles et les difficultés vous quitteront et toutes sortes de problèmes seront résolus parce que le Dieu tout-puissant est avec vous.

Si vous proclamez croire en Dieu le tout-puissant mais que vous avez toujours du souci ou que vous hésitez à être joyeux lorsque vous faites face à un problème, vous êtes au second niveau de foi.

Cependant, si vous êtes transformés pour comprendre véritablement la Parole de Dieu, et pour être joyeux et reconnaissants de tout votre cœur, vous êtes au troisième niveau de foi. Les choses suivantes se produisent lorsque vous êtes au troisième niveau de foi : dans la mesure où vous essayez de servir et d'aimer les autres, la haine partira et votre cœur sera petit à petit rempli d'amour spirituel pour aimer vos ennemis. C'est parce que vous comprenez maintenant dans votre cœur l'amour du Seigneur qui a pris la rude croix pour les pécheurs.

Jésus a été crucifié, insulté et maltraité par des pécheurs remplis de méchanceté, malgré qu'Il n'avait fait que le bien et qu'il était sans blâme. Il n'a pas haï ceux qui l'ont crucifié, insulté ou ridiculisé, mais Il a prié à Dieu pour qu'ils puissent être pardonnés. Finalement Il a démontré Son grand amour en donnant Sa propre vie pour eux.

Vous pouvez avoir haï ceux qui vous ont blessé ou calomnié sans raison avant que vous ne compreniez le grand amour de Jésus votre Seigneur. Vous pouvez cependant maintenant haïr leurs péchés, mais eux ne les haïssez pas. De plus, n'enviez pas ceux qui travaillent plus dur ou qui sont plus consacrés que vous, mais au contraire, réjouissez vous pour eux et aimez les d'autant plus en Christ. Vous pouvez avoir douté de la Parole de Dieu ou l'avoir jugée en fonction de vos propres pensées lorsque vous l'avez entendue pour la première fois, mais vous venez maintenant pour recevoir la Parole avec joie sans douter ni juger. Au troisième niveau de foi, vous obéissez à la Parole de Dieu commandement après commandement.

Les récompenses de Dieu nécessitent une foi accompagnée d'œuvres

Avant que je ne rencontre Dieu, je souffrais de toutes sortes de maladies pendant sept années, et mon surnom était « entrepôt de maladies ». J'ai entrepris tous les efforts pour être guéri, mais tout était en vain et mes maladies empiraient de jour en jour. Elles semblaient impossibles à guérir par la science médicale et je ne pouvais plus faire autre chose que d'attendre la mort.

Un jour, j'ai été instantanément guéri par la puissance de Dieu et j'ai récupéré ma santé. Au travers de cette miraculeuse expérience, j'ai rencontré le Dieu vivant et depuis lors, je lui ai aveuglement fait confiance sans aucun doute en dépendant totalement de la Parole de la Bible. J'ai obéi à chaque Parole de Dieu inconditionnellement. J'étais toujours heureux, malgré les difficultés, et je rendais grâce dans chaque situation trouble parce que c'était ce que Dieu m'avait dit de faire dans la Bible.

C'était mon plus grand plaisir d'assister aux services d'adoration et de prier Dieu le dimanche ; j'ai même abandonné une opportunité de travailler dans un très bon travail et j'ai commencé à travailler sur des chantiers de construction parce que j'étais déterminé à garder saint le Jour du Seigneur.

Néanmoins, j'étais très joyeux et reconnaissant pour le fait que Dieu était mon Père. Il est venu à moi lorsque j'attendais la mort à cause d'une variété de maladies sérieuses et j'étais très reconnaissant pour son incroyable grâce. J'ai continué à prier et jeûner afin de vivre entièrement selon la Parole de Dieu. Alors, un jour, j'ai entendu la voix de Dieu qui m'appelait en tant que Son serviteur. Avec un cœur obéissant, j'ai pris la décision de devenir son bon serviteur et aujourd'hui, je Le sers en tant que pasteur.

Je rends grâce à Dieu, mon Père du plus profond de mon cœur, que je sois agenouillé pour Le prier, que je me promène en rue ou que je parle à quelqu'un. De la même manière, je suis toujours joyeux du fond de mon cœur. Les soucis et les troubles vont faire face à n'importe qui et en tant que pasteur principal d'une église de 100.000 membres, j'ai plein de travail et de responsabilités. Je dois enseigner et former des tas de serviteurs et de ministres de Dieu afin d'accomplir la tâche que Dieu m'a confiée et d'accomplir la mission mondiale en conduisant un nombre incalculable de gens vers le Seigneur. Le diable invente toutes espèces de plans pour empêcher l'accomplissement des plans de Dieu, et il apporte toutes sortes de difficultés et d'épreuves. Beaucoup de choses qui pourraient donner lieu à des lamentations, des soucis ou des plaintes sont tombées sur moi encore et encore, et j'aurais pu tomber si j'avais été submergé par elles ou saisi par la peur.

Je n'ai cependant jamais été vaincu ou conquis par les soucis et les angoisses, parce que, j'ai clairement compris la volonté de Dieu. Je lui ai rendu grâce et j'ai prié à Lui avec joie, peu importe combien grandes pouvaient être mes épreuves et mes persécutions, et ainsi Dieu a toujours travaillé pour le bien en toutes choses et m'a béni d'autant plus.

2. Jusqu'à Atteindre le Rocher de la Foi

Voir les choses dans la foi au travers du miroir de la peur et de l'anxiété ne fera que blesser votre esprit et endommager votre santé. Si vous comprenez la signification spirituelle de la Parole de Dieu qui nous dit « Soyez toujours joyeux, priez sans cesse, rendez grâces en toutes choses, car c'est à votre égard la volonté de Dieu en Jésus Christ. » vous pouvez rendre grâce de tout votre cœur dans n'importe quelle situation. Ceci est parce que vous croyez fermement que c'est le chemin pour plaire à Dieu, l'aimer et recevoir des réponses de Lui. De plus, c'est la clé pour résoudre vos problèmes, recevoir Ses bénédictions et chasser votre ennemi Satan et le diable. Supposons qu'une femme et sa belle-fille ne sont pas en paix l'une avec l'autre. Elles savent qu'elle doivent s'aimer et être en paix entre elles. Cependant, que va-t-il se passer si elles se blâment ou se tiennent rancune l'une contre l'autre ? Même le plus petit problème ne peut pas être résolu entre elles.

D'une part, si la belle-mère calomnie sa belle-fille auprès d'autres membres de la famille et les voisins, et que la belle fille parle mal de sa belle-mère devant les autres, les conflits et les querelles ne cesseront pas et il n'y aura pas de paix dans la maison.

D'autre part, que va-t il se passer avec elles si elles se repentent de leurs propres exactions, se comprennent l'une l'autre en se mettant dans les chaussures de l'autre, se pardonnent et s'aiment ? Il y aura la paix dans la maison. La belle-mère parlera bien de sa belle-fille, qu'elle soit avec elle ou pas, et la belle-fille à son tour, louera et respectera sa belle-mère dans son cœur. Quelle pacifique relation d'amour vont-elles avoir ! Ceci est le chemin pour être aimé de Dieu aussi.

Le pas de départ du troisième niveau de foi

La raison pour laquelle certaines personnes ne peuvent pas obéir à la Parole, même s'ils savent qu'elle est vraie est parce qu'ils ont beaucoup de contrevérités, qui sont contraires à la volonté de Dieu, et qui demeurent dans leurs cœurs, et la contrevérité éteint le désir du Saint Esprit. Donc, lorsque vous entrez dans le pas de départ du troisième niveau de foi, vous commencez à lutter contre le péché au point de verser le sang (Hébreux 12 :4).

Afin de chasser vos péchés, vous devez lutter en priant instamment et en jeûnant comme Jésus nous l'a dit, « *Ce genre de démon ne sort que par le jeûne et la prière.* » (Marc 9 :29). Alors seulement, vous recevrez suffisamment de force et de grâce de Dieu pour vivre par la Parole de Dieu. De même, si vous êtes au troisième niveau de foi, vous serez avides de chasser ce que Dieu vous demande de chasser, et de faire ce qu'Il vous demande de faire, comme la Bible l'ordonne.

Cela signifie-t-il que quiconque garde saint le Jour du Seigneur et donne l'offrande de la dîme possède le troisième niveau de foi ? Non, cela n'est pas le cas. Certaines personnes peuvent assister au culte le dimanche et donner l'offrande de la dîme avec une attitude hypocrite – ils peuvent agir ainsi uniquement parce qu'ils ont peur de rencontrer des épreuves et des difficultés comme conséquence de ne pas garder ces commandements, ou bien ils veulent que les ministres et serviteurs de Dieu parlent bien d'eux. Si vous adorez Dieu en esprit et en vérité, Sa Parole est plus douce que le miel.

Cependant, si vous rechignez à assister au culte d'adoration, vous êtes liés à trouver le message ennuyeux, et vous penserez en vous-mêmes « si au moins ce culte pouvait se terminer vite... » Ceci est parce que malgré que votre corps est dans le sanctuaire, votre cœur est dans un autre endroit.

Si vous assistez au culte d'adoration, mais que vous laissez votre cœur voler vers le monde, vous ne pouvez pas être considérés avoir gardé saint le Jour du Seigneur, parce que Dieu examine le cœur des adorateurs. Dans ce cas, vous êtes toujours au second niveau de foi, même si vous donnez toute votre dîme.

La mesure de foi sera différente de personne à personne, même si elles sont au même niveau de foi. Si le niveau parfait de foi est de 100%, votre foi grandit graduellement de la mesure de 1% jusqu'à la mesure de 10%, 20%, 50% et ainsi de suite jusqu'à atteindre 100% à chaque niveau de foi. Si votre foi grandit à la mesure de 100%, elle passe au niveau suivant.

Supposons par exemple, que nous divisons la mesure au second niveau de foi de 1% à 100%. Tandis que votre foi s'approche de la mesure de 100%, au second niveau de foi, vous pouvez accéder au troisième niveau. De la même manière, si votre foi grandit jusqu'à la mesure de 100% au troisième niveau de foi, vous arrivez au quatrième niveau de foi. C'est pourquoi, vous devez être capables d'examiner à quel niveau de foi vous vous trouvez actuellement, et combien de chemin vous avez franchi à ce niveau.

Le rocher de la foi

Si votre foi accomplit plus de 60% au troisième niveau de foi, vous êtes considéré vous tenir sur le rocher de la foi. Dans Matthieu 7 :24-25, Jésus nous dit, *« C'est pourquoi, quiconque entend ces paroles que je dis et les mets en pratique, sera semblable à un homme prudent, qui a bâti sa maison sur le roc. La pluie est tombée, les torrents sont venus, les vents ont soufflé et se sont jetés contre cette maison, elle n'est point tombée, parce qu'elle était fondée sur le roc. »*

Le « rocher » ici se réfère à Jésus Christ (1 Corinthiens 10 :4), et le « rocher de la foi », se réfère au fait de tenir ferme sur la vérité, Jésus Christ. De même, si vous vous tenez sur le rocher de la foi après avoir atteint plus de 60% dans le troisième niveau de foi, vous ne tombez pas en face de toute espèce d'épreuve ou de difficulté. Vous obéissez à la volonté de Dieu jusqu'au bout parce que vous allez continuer à vous tenir ferme sur le rocher de la foi, dès que vous trouverez que c'est le bon chemin et la volonté de Dieu.

Vous pouvez donc toujours vivre une vie victorieuse et donner gloire à Dieu sans être tenté par l'ennemi Satan et le diable. De plus, la gratitude et la joie coulent continuellement de votre cœur malgré toute espèce de problème ou d'épreuve, et vous jouissez de la paix et du repos en priant sans cesse.

Supposons que votre fils ait pratiquement été tué dans un accident de circulation. Malgré cette apparente tragédie, vous versez des larmes de reconnaissance dans votre cœur, et vous êtes joyeux parce que vous tenez ferme dans la vérité. Même si vous devenez paralysé par suite d'un accident, vous n'en tiendrez pas rancune contre Dieu en disant « Pourquoi Dieu ne m'a-t-il pas protégé ? » Au contraire, vous allez rendre grâce à Dieu d'avoir protégé toutes les autres parties de votre corps.

En fait, le simple fait que nos péchés soient pardonnés et que nous pourrions aller au ciel est suffisant pour nous d'être reconnaissants à Dieu. Même si vous devenez paralysés, cela ne peut pas vous empêcher d'aller au ciel, parce que, lorsque vous entrez dans le royaume céleste, votre corps paralysé va être transformé en un corps céleste parfait.

En d'autres termes, il n'y a aucune raison de se plaindre ou d'être triste. Bien sûr, Dieu vous protège certainement toujours lorsque vous avez ce type de foi. Même si Dieu vous permet d'être blessé dans un accident de circulation, afin que vous puissiez recevoir des bénédictions, vous pouvez être complètement guéris selon votre foi.

Une vie triomphante sur le rocher de la foi

Malgré que les gens au premier stade du troisième niveau de la foi aient le désir d'obéir à la Parole, parfois ils obéissent joyeusement à la Parole et à d'autres occasions ils obéissent à contrecoeur. Cela est parce que ce dernier groupe de gens n'est pas encore totalement sanctifié, et qu'ils ont dans leur cœur, un conflit entre la vérité et le mensonge.

Vous essayez par exemple, de servir les autres et de ne pas les haïr parce que Dieu vous enseigne de ne pas haïr les autres, mais d'aimer vos ennemis. Néanmoins, même si vous semblez servir les autres, vous pouvez encore vous sentir chargés parce que vous ne les aimez pas avec votre cœur. Cependant, si vous vous tenez fermes sur le rocher de la foi, votre ennemi Satan et le diable ne réussiront pas à vous tenter ou à vous ennuyer parce que vous avez un cœur de vérité pour suivre le désir du Saint Esprit, et vous n'avez rien à craindre, parce que vous marchez dans la puissance du Dieu tout-puissant.

Tout comme le jeune David a dit courageusement au géant Goliath avec foi, « *Car la victoire appartient à l'Eternel, et Il vous livre entre nos mains.* » *(1 Samuel 17 :47)*, vous serez aussi capables de faire une telle confession courageuse de foi tandis que Dieu vous donne la victoire selon votre foi. Rien ne peut vous gêner ou vous abattre parce que le Dieu tout puissant est votre aide.

Si vous avez une communion avec Dieu et partagez Son amour, vous pouvez recevoir les réponses à vos problèmes et demandes dès que vous Lui demandez avec foi. Cependant, ceci n'arrive pas à des gens qui prient rarement et n'ont pas de communion avec Dieu. Lorsqu'ils rencontrent des problèmes, il est très difficile pour eux de recevoir des réponses de Dieu, malgré qu'ils réclament « Dieu me donnera certainement la solution ». C'est comme s'ils attendaient qu'une pomme tombe de l'arbre d'elle-même. C'est pourquoi nous devons prier sans cesse.

Comment atteindre le rocher de la foi

Il n'est pas facile pour un boxeur de devenir champion du monde. L'exploit requiert des efforts incessants, une longue patience et un contrôle de soi solide. Au commencement, un stagiaire va perdre des matchs d'entraînement d'une manière constante, parce qu'il manque de technique.

Cependant, comme il s'entraîne continuellement et raffine sa technique, il peut maintenant frapper son adversaire au moins une fois même si lui-même a été frappé deux ou trois fois auparavant. S'il augmente encore sa technique et sa force en faisant patiemment plus d'efforts, il gagnera plus de combats et son assurance va grandir aussi.

De la même manière, un étudiant qui est bon en Anglais est impatient de voir le cours d'Anglais commencer et quand il arrive, il en jouit pleinement. Les étudiants qui sont faibles en Anglais, au contraire, vont probablement s'ennuyer et se sentir chargés pendant le cours d'Anglais.

C'est la même chose pour le combat spirituel contre l'ennemi le diable. Si vous êtes au second niveau de foi, le désir du Saint Esprit en vous fait la guerre la plus féroce contre le désir de péché, parce que les deux désirs ont la même amplitude de puissance. C'est comme un combat entre deux personnes d'égales force et technique. Si l'un frappe l'autre, l'autre le frappe à son tour. S'il frappe l'autre cinq fois, l'autre lui rend un même nombre de coups. C'est la même chose pour la guerre spirituelle contre le diable. Parfois vous avez la victoire sur le diable et parfois vous êtes battus par lui.

Cependant, si vous continuez à prier et à essayer d'obéir à la Parole de Dieu, sans avoir ou ressentir de désillusion, Dieu va verser Sa grâce et Sa puissance et le Saint Esprit vous viendra en aide. En conséquence, le Saint Esprit prospère dans votre cœur et votre foi grandit continuellement vers le troisième niveau de foi.

Une fois que vous entrez dans le troisième niveau de foi, les désirs de la nature pécheresse se dissipent et cela devient plus facile de vivre dans la foi. Lorsque vous priez sans cesse, comme vous l'ordonne la Parole, vous allez vous réjouir de prier à Dieu. Si au début, vous pouviez prier tout au plus dix minutes, vous deviendrez capables de prier vint minutes, puis trente minutes, et après, vous pouvez facilement prier pendant deux ou trois heures.

Ce n'est pas facile pour des débutants dans le foi de prier pendant plus de dix minutes parce qu'ils n'ont pas assez de sujets ou requêtes à prier, c'est pourquoi vous vous sentez un peu lourds à propos de la prière et vous enviez les gens qui savent prier facilement, sans aucune difficulté. Si vous continuez à prier avec patience, de tout votre cœur, vous recevrez la puissance d'en haut pour prier des heures chaque jour. Dieu vous donne Sa grâce et Sa puissance pour prier lorsque vous faites de votre mieux pour Le prier continuellement.

De cette manière, votre foi grandit par la prière continuelle. Lorsque vous atteignez une plus haute mesure de foi dans le troisième niveau, vous allez posséder une foi inébranlable, sans vous détourner à droite ni à gauche dans les épreuves et les difficultés.

Arriver au-delà du rocher de la foi

Si vous vous tenez sur le rocher de la foi, Dieu vous aime, résout vos problèmes et donne des réponses à tout ce que vous demandez. Vous pouvez aussi écouter la voix du Saint Esprit, être joyeux et reconnaissant dans toutes les circonstances comme Dieu l'ordonne, et devenir vigilant en priant sans cesse parce que vous demeurez dans la Parole relatée dans les soixante-six livres de la Bible.

Si vous êtes un évangéliste, un ancien, un pasteur ou un dirigeant dans l'église, mais que vous ne pouvez pas écouter la voix du Saint Esprit, vous devez savoir que vous ne vous tenez pas encore sur le rocher de la foi. Cela ne veut pas dire que vous ne pouvez entendre la voix du Saint Esprit que si vous vous tenez sur le rocher de la foi.

Même les débutants dans la foi peuvent entendre Sa voix lorsqu'ils obéissent à la Parole de Dieu pendant qu'ils l'apprennent. A cause de leur obéissance à la Parole, il ne faut pas un long temps pour que la foi des débutants grandisse du premier niveau à la mesure du rocher de la foi.

Depuis que j'ai accepté le Seigneur, j'ai commencé à

comprendre la grâce de Dieu dans mon cœur et j'ai essayé d'obéir à la Parole comme je l'avais apprise. A cause de ces efforts, j'ai été capable d'entendre la voix du Saint Esprit et d'être conduit par Lui parce que j'obéissais à la Parole de tout mon cœur avec un sens de détermination, au point que j'étais capable de donner ma vie joyeusement pour le Seigneur, si cela était nécessaire.

Il m'a fallu trois années pour entendre clairement la voix du Saint Esprit. Vous pouvez bien sûr, entendre sa voix après un an ou deux, si vous lisez la Parole de Dieu avec diligence, la gardez en mémoire, et lui obéissez. Ainsi, sans considérer la période de temps où vous êtes chrétiens, vous n'entendrez pas la voix du Saint Esprit si vous avez vécu pour vous-mêmes, sans obéir à la Parole.

Il y a certains croyants qui disent « J'ai l'habitude d'être rempli du Saint Esprit, et j'ai une bonne foi. J'ai servi l'église activement. Mais ma foi a dégénéré depuis que j'ai reculé spirituellement à cause d'un autre membre de l'église ». Dans un tel cas, on ne peut pas dire que ces personnes ont eu une bonne foi auparavant et qu'elles ont servi l'église avec assiduité.

De plus, si de telles personnes avaient réellement une bonne foi, elles ne pouvaient pas, en première instance, avoir reculé à cause d'un autre membre, et elles ne pouvaient pas abandonner leur foi. Il a été possible pour elles d'agir d'une telle manière, parce qu'elles avaient seulement une foi charnelle sans les œuvres, et cela même si elles avaient la connaissance de la Parole de Dieu.

Nous ne devons pas être fous de quitter l'église après

avoir eu des problèmes avec d'autres membres de l'église. Comment cela serait lamentable si vous trahissez Dieu qui vous a racheté du péché et vous a donné la vraie vie, uniquement pour retourner au monde qui conduit à la mort éternelle, tout cela parce que vous êtes fâché avec un évangéliste, un dirigeant, un frère ou une sœur dans votre église !

Vous devez admettre que vous êtes loin du rocher de la foi si vous priez hypocritement, uniquement pour vous montrer en tant qu'homme de prière bouillant, ou que vous vous sentez angoissé et hostile envers ceux qui murmurent contre vous ou vous calomnient. Si vous vous tenez sur le rocher de la foi, vous ne devez pas leur être hostile mais prier pour eux avec de l'amour et des larmes.

Au travers de mon ministère depuis 1982, j'ai expérimenté des temps extrêmement inacceptables et des événements dans l'église. Certains évangélistes ou membres étaient trop mauvais que pour être pardonnés selon une perspective humaine, mais je n'ai jamais ressenti de la haine ou de l'hostilité envers eux. Comme je voulais les voir transformés, j'essayais de voir les bonnes choses en eux plutôt que leur méchanceté.

De cette manière, vous pouvez pleinement obéir à la Parole de Dieu et vous réjouir de la liberté que la Parole de vérité vous donne si vous possédez la pleine mesure du troisième niveau de foi, et que vous vous tenez fermes sur la Parole de Dieu. Vous serez alors toujours joyeux, rendrez grâce en toutes circonstances et prierez continuellement. Vous ne perdrez jamais le sens de la gratitude et ne serez jamais tristes. De plus, vous vous tiendrez fermes sur le rocher de la foi de Jésus Christ sans trembler ni vous détourner à droite ou à gauche.

3. Se battre contre le Péché jusqu'à verser le Sang

Dans le cœur de ceux qui sont au second niveau de foi, les désirs du Saint Esprit entament une guerre contre les désirs de la nature pécheresse. Ceux qui sont au troisième niveau de foi, cependant, chassent les désirs de la nature pécheresse et vivent des vies de triomphe dans la Parole, parce qu'ils suivent le désir du Saint Esprit.

Au troisième niveau de foi, il est facile de mener une vie en Christ parce que vous avez déjà chassé les œuvres de la nature pécheresse lorsque vous étiez au second niveau de foi. Si vous entrez dans le troisième niveau de foi cependant, vous commencez à lutter contre les désirs de la nature pécheresse, un mélange de la nature du péché et de notre corps charnel qui est profondément enraciné en nous, au point de verser votre sang.

Par conséquent, lorsque vous atteignez la pleine mesure du troisième niveau de foi, vous ne raisonnez plus selon la pensée pécheresse, mais vous obéissez pleinement à la Parole et vous jouissez de la liberté dans la vérité parce que vous vous êtes déjà débarrassé de toutes les formes et traits de la nature pécheresse.

L'importance d'enlever la nature pécheresse

Si vous aimez Dieu et obéissez à Sa Parole, cela ne vous prend pas beaucoup de temps pour augmenter la mesure de votre foi du second au troisième niveau. Au contraire, si vous fréquentez l'église régulièrement, mais n'essayez pas d'obéir à la Parole, vous ne pouvez pas augmenter la mesure de votre foi vers un niveau supérieur et vous devez demeurer au niveau actuel – le second niveau de la foi.

C'est la même chose pour une semence qui n'a pas été semée depuis longtemps. Si une semence n'est pas semée pendant une longue période de temps, elle perd sa vie. Votre esprit ne peut lui aussi grandir que lorsque vous comprenez la Parole de Dieu et que vous lui obéissez afin que votre âme puisse se porter bien.

Dès qu'une semence est semée dans un sol, il devient facile pour la semence de germer. D'une part, le germe peut mourir si une pluie torrentielle arrive ou que les gens l'écrasent, et c'est pourquoi il faut prendre soin avec attention à la jeune pousse. De la même manière les gens au troisième niveau de foi devraient prendre soin de ceux qui sont au premier ou au second niveau de foi afin qu'ils puissent bien grandir dans la foi.

D'autre part, si vous grandissez au point de devenir un grand arbre dans la foi en entrant dans le troisième niveau de la foi, vous ne tombez pas, quelle que soit la dureté des épreuves, des tempêtes ou des désastres qui viennent sur vous. Un grand arbre n'est pas facilement déraciné parce qu'il est profondément planté dans le sol, malgré que ses branches puissent être tordues ou cassées. De la même manière, il peut sembler que vous êtes sur le point de tomber pendant un moment tandis que vous faites face à des épreuves ou des difficultés, mais vous pouvez récupérer vos forces et continuer à grandir dans la foi, parce que votre foi profondément enracinée n'est ébranlée par aucune circonstance.

Des efforts ininterrompus vers la pleine mesure de la foi

Cela prend un temps assez long pour qu'un jeune arbre puisse grandir, fleurir et produire du fruit ou grandir pour devenir un grand arbre où les oiseaux peuvent se percher. De même, il n'est pas difficile de faire grandir votre foi du second vers le troisième niveau lorsque vous avez pris la ferme résolution de le faire, mais cela prend beaucoup plus de temps de faire grandir votre foi du troisième vers le quatrième niveau. C'est parce que vous devez écouter la Parole de Dieu et la comprendre en esprit afin d'obéir à cette Parole relatée dans les soixante-six livres de la Bible, mais il n'est pas facile de comprendre la parfaite volonté de Dieu le Père en un temps court.

Par exemple, même si un étudiant excelle à l'école primaire, il ne peut pas entrer à l'université ou gérer ses propres affaires, directement après avoir reçu son certificat de l'école primaire.

Il y a cependant des génies qui entrent à l'université à un jeune âge en passant et réussissant les examens de qualification, tandis que d'autres entrent à l'université après avoir essayé à plusieurs reprises.

De la même manière, vous pouvez atteindre le quatrième niveau de la foi rapidement ou lentement selon vos efforts. Bien sûr, l'élément le plus important est la taille du vase dans lequel est fait la personne. L'effort d'un petit vase n'est pas grand pour mûrir sa foi vers un niveau plus élevé, même s'il comprend la Parole et a l'espérance du ciel et la foi. Au contraire, un grand vase comprend ce qui est juste et est résolu à faire ce qui est bien, et il continue à lutter jusqu'à ce qu'il ait atteint son but.

Pour cela, vous devez comprendre combien il est critique d'accomplir chaque effort et de combattre vos péchés au point de verser le sang de façon à faire grandir votre foi du troisième vers le quatrième niveau de foi aussi rapidement que possible.

Accomplissant votre tâche tout en chassant le péché

Vous ne devez pas négliger les tâches que Dieu vous a données pendant que vous luttez contre vos péchés. Par exemple, il y avait une grande diaconesse dans mon église qui était avec moi depuis la fondation de l'église. Elle et son mari qui souffraient tous deux de sérieuses maladies, sont venus dans mon église. Ils reçurent la prière et furent guéris.

Depuis ce temps, elle a récupéré sa bonne santé et a essayé de faire grandir la mesure de sa foi, mais elle n'a pas entièrement accompli les tâches de sa fonction de grande diaconesse. Elle n'a pas fait les efforts pour lutter contre ses péchés au point de verser son sang, et le mal est demeuré dans son cœur malgré le fait qu'elle continuait à fréquenter l'église et qu'elle écoutait la Parole de Dieu pendant 15 ans. Ses actes et ses œuvres étaient aussi une réminiscence de ceux du second niveau de foi.

Heureusement, elle a été spirituellement réveillée quelques mois avant sa mort et elle a essayé de plaire à Dieu en livrant et répandant les journaux de l'église. Comme elle a reçu ma prière trois fois, elle a reçu le troisième niveau de foi en peu de temps.

Pour cela, vous ne devez pas seulement combattre vos péchés au point de verser le sang pour chasser toute espèce de mal, mais aussi accomplir les tâches que Dieu vous a confiées de tout votre cœur afin que vous puissiez atteindre une plus haute mesure de foi.

Il est très difficile de rejeter vos péchés de vous-mêmes, mais c'est très facile, si vous recevez la puissance du Dieu du ciel.

Puissiez-vous être un chrétien sage aux yeux de Dieu, tandis que vous vous souvenez que Sa puissance vient sur ceux qui non seulement rejettent toutes espèces de péché et de mal en luttant contre elles au point de verser le sang, mais aussi ceux qui accomplissent les tâches que Dieu leur a confiées, dans le nom de notre Seigneur je prie !

7

La Foi pour Aimer Dieu à l'Extrême

1. Le Quatrième Niveau de Foi
2. Votre âme se Porte bien
3. Aimer Dieu sans Conditions
4. Aimer Dieu plus que toute autre Chose

Celui qui a Mes commandements et qui les garde, c'est celui qui M'aime ; et celui qui M'aime, sera aimé de Mon Père, Je l'aimerai et je Me ferai connaître à lui.

(Jean 14 :21)

Tout comme vous devez monter un escalier marche par marche, vous devez faire grandir votre foi niveau par niveau jusqu'à ce que vous atteigniez la pleine mesure de la foi. Par exemple, 1 Thessaloniciens 5 :16-18 nous dit, *«Soyez toujours joyeux, priez sans cesse ; rendez grâce en toutes circonstances, parce que c'est la volonté de Dieu pour vous en Christ Jésus, »*. La mesure de votre obéissance à ce commandement est différente selon la mesure de la foi de chaque individu.

Si vous êtes au second niveau de foi, vous êtes découragés plutôt que joyeux ou reconnaissants lorsque vous devez faire face à des épreuves ou des difficultés, parce que vous n'avez pas encore reçu assez de force pour vivre par la Parole de Dieu. Lorsque vous entrez dans le troisième niveau de foi et que vous rejetez vos péchés en les combattant jusqu'à verser le sang, vous devenez capable d'être joyeux et reconnaissants jusqu'à un certain point dans les épreuves et les difficultés.

Même si vous êtes au troisième niveau de foi et que vous rencontrez de sévères épreuves, vous pouvez être un peu dubitatifs et sceptiques, ou être de manière un peu forcée, joyeux et reconnaissants parce que vous n'avez pas vraiment totalement compris le cœur de Dieu.

Cependant, si vous demeurez fermes sur le rocher de la foi qui est planté plus profondément dans le troisième niveau de foi, vous êtes joyeux et reconnaissants de tout votre cœur même si vous rencontrez des épreuves et des difficultés. Aussi, lorsque vous atteignez une plus haute mesure de foi – le quatrième niveau – la joie et la reconnaissance déborderont toujours de votre cœur. Donc, au quatrième niveau de foi vous êtes loin d'être tristes ou énervés dans les épreuves et les difficultés, mais au contraire, vous vous reflétez d'une manière humble, en vous posant la question, « Ai-je fait quelque chose de mal ? » En conséquence, quiconque atteint le quatrième niveau de foi, auquel vous êtes capables d'aimer le Seigneur au plus haut degré, et de prospérer dans tout ce que vous faites.

1. Le Quatrième Niveau de Foi

Quand les croyants disent « Je t'aime, mon Seigneur, » cette confession venant de ceux qui sont au second ou au troisième niveau de foi est très différente de ceux qui sont au quatrième niveau de foi. Ceci est dû au fait qu'un cœur pour aimer le Seigneur modérément est une chose, et le cœur de L'aimer au plus haut degré est tout autre chose. Tout comme Proverbes 8 :17 nous promet, *« J'aime ceux qui M'aiment, et ceux qui Me cherchent Me trouvent. »* Ceux qui aiment le Seigneur au plus haut degré peuvent recevoir tout ce qu'ils demandent.

Aimer le Seigneur au plus haut degré

Les précurseurs de la foi qui ont aimé Dieu au plus haut degré ont été remplis d'une joie débordante et d'une gratitude sincère même s'ils ont souffert sans avoir fait quelque chose de mal. Par exemple, le Prophète Daniel a donné grâce à Dieu avec foi et a prié à Lui alors qu'il était prêt à être jeté dans la fosse aux lions selon le projet de quelques gens méchants.

Dieu était satisfait de sa foi, et il a envoyé Ses anges pour fermer la gueule des lions, et pour protéger Daniel des lions. Après cela, Daniel rendit grandement grâce à Dieu (Daniel 10 :10-27).

A un autre moment, les trois amis de Daniel ont confessé leur foi en Dieu au roi Nebucadnetsar, malgré qu'ils fussent prêts à être jetés dans une fournaise ardente, sur base du fait qu'ils n'ont pas fléchi les genoux et adoré une image en or.

Dans Daniel 3 :17-18, ils confessent, *« Voici, le Dieu que nous servons peut nous délivrer de la fournaise ardente, et il nous délivrera de ta main ô roi. Sinon, sache, ô roi que nous ne servirons pas tes dieux, et que nous n'adorerons pas la statue d'or que tu as élevée. »*

Ils ont fait confiance sans se plaindre à Dieu avec la puissance duquel toutes choses sont possibles, et ils ont fermement confessé qu'ils étaient prêts à donner leur vie pour le Dieu qu'ils servaient et cela même s'il ne les sauvait pas de la fournaise ardente.

Ils ont été fidèles à leurs tâches sans désirer quoi que ce soit en retour, et ne se sont pas plaint à Dieu, malgré le fait qu'ils aient été confrontés à une épreuve qui menaçait leur vie et réclamait leur mort sans aucune raison. Ils pouvaient toujours se réjouir et remercier pour la grâce de Dieu, parce que chacun d'eux était persuadé qu'ils iraient au ciel, dans les bras de leur Père aimant, même s'ils étaient brûlés à mort dans la fournaise ardente. Selon la confession de leur foi, Dieu les a protégé de la fournaise ardente de sorte que même les cheveux de leurs têtes étaient intacts. A cette vue miraculeuse, le roi était très troublé et a rendu grande gloire à Dieu et il a promu les trois amis de Daniel à une plus haute position qu'auparavant.

Considérons cet exemple : l'apôtre Paul et Silas ont été cruellement fouettés et jetés dans une sombre prison par des gens mauvais lorsqu'ils voyageaient de lieu en lieu pour prêcher l'évangile. La nuit ils louaient et rendaient grâce à Dieu, lorsque, avec un soudain tremblement de terre, les portes de la prison se sont ouvertes (Actes 16 :19-26).

Supposez que vous souffrez pour des motifs injustes tout comme ces précurseurs de la foi. Croyez-vous que vous serez capables de vous réjouir et de rendre grâce du plus profond de votre cœur ? Si vous vous voyez vous-mêmes vous fâcher, râler, ou être de mauvaise humeur, vous devez réaliser que vous êtes loin du rocher de la foi. Si vous arrivez au-delà du rocher de la foi, vous serez toujours joyeux et reconnaissants du plus profond de votre cœur, malgré les troubles et les difficultés que vous rencontrez, parce que vous comprenez la providence de Dieu. Si vous êtes dans la douleur de souffrances injustes, il doit y avoir un motif pour la souffrance. Mais, parce que vous pouvez discerner le motif avec l'aide du Saint Esprit, vous pouvez vous réjouir et être reconnaissants.

Et David alors, le plus grand roi d'Israël ? En raison de la rébellion de son fils Absalom, David a été détrôné, a fui et a vécu sans toit ni nourriture. En plus de son abdication,

David a été lapidé et maudit par Shimeï, un homme ordinaire. Un des serviteurs de David demanda au roi s'il pouvait tuer Shimeï, mais David refusa sa requête en disant, « *Laissez-le et qu'il maudisse, car l'Eternel le lui a dit.* »

De plus, David n'a jamais formulé une seule parole de plainte pendant ses épreuves. Il a tenu ferme dans son amour pour Dieu et sa confiance totale en Dieu et il demeura ferme dans sa foi. Au milieu de telles épreuves, David a été capable d'écrire de belles et pacifiques paroles de louange, telles que celles que nous trouvons dans le Psaume 23.

De cette manière, David a toujours cru que Dieu travaillait à ce qui est bon pour lui, même quand il semblait dans la défaite avec des épreuves et des difficultés, parce qu'il avait compris la volonté de Dieu en tous temps, et il rendait grâce à Dieu et versait des larmes de joie.

Après que David eut surmonté ses épreuves, il devint un roi que Dieu aimait encore plus. De plus, il fut capable de rendre Israël tellement puissant que les pays voisins apportaient des tributs à Israël. De cette manière, lorsque Dieu vit la foi de David, Il travailla en toutes choses pour le bien du roi et lui a donné Ses bénédictions.

Obéissez joyeusement au Seigneur avec le plus grand amour

Supposez qu'il y ait un homme et une femme qui se sont mariés rapidement. Ils sont tellement amoureux l'un de l'autre qu'ils sentent qu'ils pourraient donner, si cela est nécessaire, leur vie l'un pour l'autre. Chacun d'eux veut donner à l'autre tout ce qu'il peut donner, et se faire plaisir l'un à l'autre en tout temps même au risque d'être lésé.

Ils aspirent à être ensemble aussi souvent, longtemps et tant qu'ils le peuvent. Ils ne se soucient pas du temps froid, même s'ils marchent ensemble sur une route enneigée ou dans des rafales de tempête. Ils ne sont jamais fatigués ni épuisés même s'ils restent éveillés toute la nuit en se parlant au téléphone.

De la même manière, si vous aimez le Seigneur avec le plus grand amour, comme ce couple qui va bientôt se marier s'aime l'un l'autre, et que vous avez pour Lui un cœur qui ne change pas, vous serez au quatrième niveau de foi. Alors, comment pouvez-vous Lui prouver votre amour ? Comment le Seigneur mesure-t-Il votre amour pour Lui ?

Jésus nous dit dans Jean 14 :21, *« Celui qui a Mes commandements et qui les garde, c'est celui qui M'aime ; et celui qui M'aime sera aimé de Mon Père, Je l'aimerai et Je me ferai connaître à lui. »*

Vous devez obéir aux commandements du Seigneur si vous l'aimez ; ceci est l'évidence de votre amour pour le Seigneur. Si vous l'aimez véritablement, Dieu en retour vous aimera et le Seigneur sera avec vous et il vous montrera l'évidence de Sa présence avec vous. Au contraire, si vous n'obéissez pas à Ses commandements, il est difficile de recevoir la faveur, l'approbation ou les bénédictions de Dieu.

Aimez-vous vraiment le Seigneur ? Si vous le faites, vous obéirez sûrement à Ses commandements et vous

L'adorerez en esprit et en vérité. Vous ne serez jamais somnolent ou endormi pendant que vous écoutez le message. Comment pouvez-vous dire que vous aimez quelqu'un quand vous tombez en sommeil pendant qu'il ou elle vous parle ? Si vous aimez véritablement votre partenaire, rien que le fait d'entendre sa voix sera pour vous la source d'une grande joie.

De la même manière, si vous aimez véritablement Dieu, vous serez absolument heureux et joyeux lorsque vous écoutez Sa Parole. Si vous vous sentez somnolent ou ennuyé, il est clair que vous n'aimez pas Dieu. 1 Jean 5 :3 nous rappelle, *« Car l'amour de Dieu consiste à garder Ses commandements, et Ses commandements ne sont pas pénibles. »*

En effet, pour ceux qui aiment Dieu, il n'est pas difficile d'obéir aux commandements de Dieu. Vous pouvez donc totalement obéir à Ses commandements si vous atteignez la foi pour aimer vraiment Dieu. Vous leur obéissez avec foi dans l'amour, du plus profond de votre cœur, au lieu de leur obéir à contrecoeur ou avec un sentiment de fardeau.

De plus, si vous entrez dans le quatrième niveau de foi, vous obéissez à chaque Parole de Dieu avec joie, parce que vous L'aimez tant, tout comme un partenaire veut donner quoi que ce soit que l'autre partenaire demande ou faire tout ce que l'autre partenaire veut.

Les méchants ne peuvent vous faire du mal,

Ceux qui aiment le Seigneur du plus grand amour,

deviennent entièrement sanctifiés en obéissant totalement à la Parole de Dieu, tout comme 1 Thessaloniciens 5 :21-22 nous le dit, « *Mais examinez toutes choses ; retenez ce qui est bon ; abstenez vous de toute espèce de mal.* »

Comment Dieu vous récompense-t-Il lorsque non seulement vous chassez les péchés en luttant contre eux jusqu'à verser le sang, mais que vous vous débarrassez aussi de toute espèce de mal ? Comment vous montre-t-Il l'évidence de Son amour pour vous ? Dieu donne beaucoup de promesses de bénédictions à ceux qui accomplissent la sanctification et la purification, parce qu'Il vous récompense selon ce que vous semez et faites.

Tout d'abord, comme 1 Jean 5 :18 nous le dit, « *Nous savons que quiconque est né de Dieu ne pratique pas le péché ; mais celui qui né de Dieu se garde lui-même, et le malin ne le touche pas.* », vous devez être né de Dieu. Vous deviendrez un homme spirituel lorsque vous ne commettrez plus de péché, parce que vous combattez pour vivre par la Parole de Dieu et que vous rejetez les péchés, en luttant contre eux jusqu'à verser le sang. Dès lors, votre méchant ennemi le diable ne peut plus vous faire du mal, parce que Dieu vous protège.

Ensuite, 1 Jean 3 :21-22 promet, « *Bien-aimés, si notre cœur ne nous condamne pas, nous avons de l'assurance devant Dieu. Quoi que ce soit que nous Lui demandions, nous le recevons, parce que nous gardons Ses commandements et nous faisons ce qui Lui est agréable.* » Votre cœur ne vous condamne pas lorsque vous êtes agréables à Dieu, non seulement en obéissant à Ses commandements, mais aussi en chassant toute espèce de mal.

Vous avez de l'assurance devant Dieu et vous recevez de Lui tout ce que vous demandez comme Dieu vous le promet. Il ne ment ni ne change d'avis ; Il accomplit tout ce qu'Il dit ou promet (Nombres 23 :19). Il vous donne donc tout ce que vous demandez si vous L'aimez du plus grand amour et que vous devenez sanctifiés.

Même lorsque je n'étais qu'un débutant dans la foi, je me sentais un peu déçu quand les messages ou le culte d'adoration étaient courts, parce que je voulais savoir plus de la volonté de Dieu et recevoir Sa grâce. J'ai pu atteindre la pleine mesure de la foi en une courte période de temps, parce que je faisais de mon mieux pour vivre par la Parole dès que je l'avais comprise.

Le résultat est qu'aujourd'hui, j'offre toutes choses à Dieu, même ma propre vie, sans rien retenir de tout mon cœur, mon âme et ma force et je vis uniquement par la Parole afin de l'aimer de l'amour le plus grand et de Lui être agréable. Malgré que je Lui donne tout ce que je possède, je souhaite toujours Lui donner plus. Ma femme et mes enfants se sont aussi consacrés au Seigneur de tout leur cœur depuis que je leur ai dit de vivre de cette manière. Si vous vous sentez chargés en menant votre vie chrétienne, vous devez être assoiffés de la Parole de Dieu, essayer de l'adorer en vérité et en esprit, et lutter pour ne vivre que par la Parole.

2. Votre âme se Porte bien

Les gens au quatrième niveau de foi vivent toujours par la Parole, qu'ils confessent de tout leur cœur, parce qu'ils examinent en tout temps « Que ferais-je pour plaire à Dieu ? », et les œuvres d'obéissance suivent certainement la confession de foi qui est en accord avec leur cœur. C'est parce qu'ils aiment Dieu au plus haut niveau.

Il promet à de telles personnes dans 3 Jean 1 :2 : « *Bien-aimé, je souhaite que tu prospères à tous égards, et sois en bonne santé, comme prospère l'état de ton âme.* » Qu'est ce que cela veut dire « comme prospère l'état de ton âme ? » Quels genres de bénédictions sont donnés ?

Votre âme prospère

Lorsque l'homme fut créé, Dieu a soufflé le souffle de vie en lui et il devint une âme vivante. Il était composé d'un esprit au travers duquel il pouvait avoir une communion avec Dieu ; l'âme, contrôlée par l'esprit ; le corps dans lequel l'âme et l'esprit demeurent, et il pouvait vivre éternellement en tant qu' esprit vivant (Genèse 2 :7 ; 1 Thessaloniciens 5 :23).

C'est pourquoi, celui dont l'âme prospère peut régir toutes choses et vivre éternellement tout comme le premier homme Adam communiquait avec Dieu et obéissait parfaitement à Sa Parole.

Le premier homme Adam a cependant désobéi au commandement de Dieu et a perdu toutes les bénédictions que Dieu lui avait données. Dieu lui avait commandé, « *Tu pourras manger de tous les arbres du jardin ; mais tu ne mangeras pas de l'arbre de la connaissance du bien et du mal, car le jour où tu en mangeras, tu mourras certainement.* » *(Genèse 2 :16-17).* Adam a désobéi au commandement de Dieu et a mangé de l'arbre de la connaissance. Finalement, son esprit –au travers duquel il pouvait communiquer avec Dieu – est mort et il fut chassé du Jardin d'Eden.

Ici, dire « son esprit est mort » ne signifie pas que l'esprit d'Adam s'est éteint, mais qu'il a perdu sa capacité originelle. L'esprit devrait jouer le rôle du maître, mais l'âme a pris la place de l'esprit depuis que l'esprit est mort. Le premier homme Adam, en tant qu'esprit vivant avait communiqué avec Dieu qui est Esprit.

L'esprit d'Adam est cependant mort à cause de sa désobéissance et par conséquent, il ne pouvait plus communiquer avec Dieu. Il devint donc un homme d'âme, qui en retour a commencé à le diriger à la place de son esprit.

« L'âme » se réfère ici au système de mémoire du cerveau, et toute espèce de mémoire, et il commença à penser selon ce que sa mémoire stockée reproduisait. Un homme d'âme signifie qu'il ne dépend plus de Dieu mais qu'il se repose sur la connaissance et la théorie humaines. Au travers du travail constant de l'ennemi Satan sur les pensées de l'homme –l'âme – l'injustice et la méchanceté se sont précipités sur l'homme et le monde a été rempli de méchanceté de la manière dont l'homme l'a reçue. Les gens ont été de plus en plus souillés par le péché et corrompus de génération en génération.

Le premier homme Adam en qualité d'homme d'esprit aussi bien que le Seigneur de toutes choses a joui de la vie éternelle, parce que son esprit le dirigeait en maître et qu'il pouvait communiquer avec Dieu. Lorsque les ténèbres eurent par sa désobéissance, percé son cœur, qui n'avait été rempli que par la vérité, son cœur est graduellement passé sous le contrôle de l'ennemi Satan, le dirigeant de la puissance des ténèbres.

En conséquence, les descendants du désobéissant Adam ne sont pas devenus meilleurs que des animaux qui sont composés d'une âme et d'un corps sans esprit. Ils ont commencé à vivre dans toutes sortes d'erreurs telles que le mensonge, l'adultère, la haine, le meurtre, l'envie et la jalousie, qui sont tous opposés à la Parole de Dieu (Ecclésiastes 3 :18).

Le Dieu d'amour a cependant ouvert le chemin du salut au travers de Son fils Jésus Christ, et Il a donné le Saint Esprit en tant que don à quiconque accepte Jésus Christ afin que son esprit mort puisse revivre. Si quelqu'un reçoit le Saint Esprit comme don après avoir accepté Jésus Christ, son esprit mort revit. De plus, s'il permet au Saint Esprit de redonner vie à l'esprit en lui, il devient graduellement un homme d'esprit.

Une telle personne peut jouir de toutes les bénédictions de la même manière que le faisait le premier homme Adam en tant qu'esprit vivant, parce que son âme prospérait, ce qui signifie que son esprit devient le maître et que son âme obéit maintenant à l'esprit. Ceci est le processus de croissance de votre foi et le processus pour que votre âme prospère.

Vous êtes au premier niveau de foi lorsque vous acceptez Jésus Christ et que vous recevez le Saint Esprit. Vous pouvez dès lors vous reposer sur le rocher de la foi et vivre uniquement par la Parole de Dieu au travers de la féroce guerre entre votre esprit qui suit le désir du Saint Esprit et votre âme qui suit le désir de la nature pécheresse. Si vous atteignez le quatrième niveau de foi, vous devenez saints et vous ressemblez au Seigneur parce que votre esprit devient votre maître.

Votre esprit contrôle votre âme

Lorsque votre esprit dirige votre âme en tant que maître, et que votre âme obéit à la direction de votre esprit en tant que serviteur, il est dit que « votre âme prospère ». Alors vous commencerez à ressembler naturellement au coeur et à l'attitude du Seigneur, comme Philippiens 2 :5 nous le dit, « *Ayez en vous les sentiments qui étaient en Jésus Christ.* »

Lorsque votre esprit dirige votre âme, le Saint Esprit dirige à 100% votre cœur, parce que la Parole de vérité contrôle votre cœur et par conséquent, vous ne vous reposez plus sur votre propre pensée. En d'autres termes, vous pouvez complètement obéir à la Parole de Dieu parce que vous avez détruit toutes espèces de pensées charnelles et votre cœur devient en réalité la vérité même.

De cette manière, lorsque vous devenez un homme

d'esprit et que vous êtes conduits par le Saint Esprit, vous pouvez échapper à toutes espèces d'épreuves et de difficultés et être préservés du danger en toutes circonstances. Par exemple, si même une catastrophe naturelle ou un accident inattendu se produit, vous aurez déjà entendu la voix du Saint Esprit qui vous réveille afin que vous puissiez fuir l'endroit et être maintenu en sûreté.

Donc, lorsque votre âme prospère, vous remettez toutes vos voies à Dieu avec un cœur obéissant. Il dirige alors votre cœur et vos pensées, conduit toutes vos prières et vous bénit d'une bonne santé. Deutéronome 28 parle de ceci comme suit :

> *« Voici toutes les bénédictions qui se répandront sur toi et qui seront ton partage, lorsque tu obéiras à la voix de l'Eternel ton Dieu : tu seras béni dans la ville, et tu seras béni dans les champs. Le fruit de tes entrailles, le fruit de ton sol, les fruits de tes troupeaux, les protées de ton gros et de ton menu bétail, toutes ces choses seront bénies. Ta corbeille et ta huche seront bénies. Tu seras béni à ton arrivée et tu seras béni à ton départ. »*
> *(Deutéronome 28 :2-6)*

En raison de cela, ceux qui obéissent à la Parole de Dieu, parce que leur âme prospère, ne recevront pas uniquement la vie éternelle au ciel, mais ils jouiront de toutes espèces de bénédictions dans leur santé, matérielles et la prospérité, même dans ce monde.

Tout peut aller bien avec toi

Joseph, fils de Jacob, a été placé dans une situation désespérée : ses propres frères l'ont vendu alors qu'il était jeune et il a été amené en Egypte, et là bas, il fut emprisonné dans le déshonneur, alors qu'il n'avait rien fait de mal.

Malgré des situations difficiles, Joseph n'était pas découragé, mais il s'est soumis à la direction du Dieu tout puissant. A cause de sa grande foi, Dieu Lui-même a arrangé toutes choses pour Joseph et a pourvu à tout ce dont il avait besoin. Par conséquent, tout alla bien avec Joseph et il fut grandement honoré en devenant premier ministre d'Egypte.

Donc, malgré que Joseph ait été amené en Egypte dans sa jeunesse et réduit à l'esclavage par un égyptien là bas, il fût finalement placé à la direction de l'Egypte et il put sauver sa famille et le peuple d'Egypte de sept années de sécheresse. De plus, il a posé le fondement pour que le peuple d'Israël vive là bas.

Aujourd'hui, il y plus de six milliards de gens sur la terre. Parmi eux, plus d'un milliard croient en Jésus Christ. Si parmi le milliard de chrétiens il y a des enfants de Dieu qui sont sans tâches ni blâme, combien Lui seront-ils agréables ! Il est toujours avec eux et Il les bénit dans toutes leurs voies. Lorsque des difficultés les attendent, Il va contraindre leur âme à échapper à ces difficultés ou les conduire à prier. En les conduisant à la prière, Dieu reçoit leur prière et il les débarrasse de ces difficultés parce qu'il est un Dieu juste.

Il y a quelques années, j'étais invité à prêcher à une Conférence d'Evangélisation à Los Angeles. Avant mon départ, j'ai ressenti une puissante pression de Dieu de prier pour la conférence, et je me suis donc concentré à prier pour la conférence dans une maison de prière à la montagne pendant deux semaines. Je ne savais pas pourquoi Dieu m'avait instamment pressé de prier pour la conférence, jusqu'à ce que j'arrive à Los Angeles.

L'ennemi Satan et le diable avaient incité des gens mauvais à empêcher le déroulement de la conférence et l'événement était presque sur le point d'être annulé. Après avoir reçu ma prière et la prière des membres de mon église, Dieu a détruit d'avance leurs projets rusés.

C'est pour cela, au moment où je suis arrivé à Los Angeles, j'ai trouvé toutes choses prêtes pour la conférence, que j'ai été à même de mener à bien avec succès, sans aucune difficulté. De plus, j'ai pu donner grande gloire à Dieu au travers de l'opportunité de prononcer une bénédiction au Conseil de Los Angeles et en recevant une citoyenneté honoraire par le gouvernement du comté de Los Angeles, ce qui est la première fois pour un citoyen Coréen.

De cette manière, tous ceux dont l'âme prospère, confient toutes choses à Dieu. Lorsque vous confiez toutes choses dans la prière, sans dépendre de vos pensées, votre volonté ou vos plans, Dieu supervise votre intelligence et vous conduit afin que tout puisse aller bien pour vous.

Même si vous rencontrez une difficulté, Dieu travaille en

toutes choses pour votre bien lorsque vous Lui rendez grâce, même en face à une situation difficile, parce que vous croyez fermement que Dieu permet cela dans votre vie par Sa volonté. Parfois, vous pouvez faire face à une tempête lorsque vous faites quelque chose selon votre propre expérience ou pensée sans dépendre de Dieu, mais même dans ces temps là, Dieu vous aide immédiatement lorsque vous réalisez votre erreur et que vous vous repentez.

Complètement sous contrôle du Saint Esprit

Si vous vous tenez sur le rocher de la foi, toutes espèces de doutes vous quittent et vous finissez par croire fermement dans le fait que Dieu est vivant et en Ses œuvres, telles que la résurrection et le retour du Seigneur, la création de choses au départ de rien, et Ses réponses à vos prières.

Donc, dans chaque trouble ou épreuve, vous ne pouvez que vous réjouir, prier, et rendre grâce à Dieu parce que vous ne doutez jamais en incrédulité. Le Saint Esprit ne contrôle cependant pas encore votre cœur à 100%, parce que vous n'avez pas encore atteint la pleine mesure de la sanctification. Parfois vous ne pouvez pas dire avec précision si ce que vous entendez est oui ou non, la voix du Saint Esprit, et vous devenez confus parce qu'il y a encore des pensées charnelles en vous.

Par exemple, pendant que vous priez pour le lancement d'une affaire, vous pouvez trouver une opportunité d'affaire et vous la débutez, pensant que c'est la réponse de Dieu à votre prière. Au début, l'affaire semble fructueuse, mais ensuite, elle va de mal en pis. Vous réalisez alors que vous n'avez pas entendu la voix du Saint Esprit, mais qu'au contraire vous avez dépendu de vos propres pensées.

Pour cela, ceux qui sont fondés sur le rocher de la foi, sont dans la plupart des cas dans le succès parce qu'ils comprennent la vérité et vivent selon la Parole, mais ils ne sont pas encore parfaits dans la foi parce qu'ils ne sont pas encore entrés dans le niveau où ils peuvent faire confiance en toutes choses à Dieu et reposer entièrement sur Lui.

A quoi ressemblent les gens au quatrième niveau de foi ? Si vous êtes au quatrième niveau de foi, votre cœur a déjà été transformé par la vérité et votre vie est en accord avec la Parole de Dieu, et la vérité a été intégrée à votre corps et à votre cœur. Votre cœur a changé pour l'esprit et c'est votre esprit qui dirige totalement votre âme. Vous ne vivez donc plus selon vos propres pensées, parce que maintenant le Saint Esprit dirige votre cœur à 100%. Alors vous prospérez dans tout ce que vous faites parce que Dieu vous conduit lorsque vous Lui obéissez en suivant la direction du Saint Esprit.

Lorsque vous avez prié pour accomplir quelque chose, vous pouvez être conduit vers le chemin de la prospérité et du succès, sans commettre une seule erreur, en attendant avec persévérance jusqu'à ce que le Saint Esprit vous supervise à 100%. Genèse 12 nous rappelle qu'Abraham a obéi et a quitté son pays d'origine dès que Dieu le lui a ordonné malgré qu'il n'ait aucune idée de l'endroit où il devait aller. Cependant, à cause de son obéissance à la volonté de Dieu, il a été béni pour devenir le précurseur de la foi et un ami de Dieu.

A cause de cela, vous ne devez vous soucier de rien, lorsque Dieu dirige vos voies. Vous pouvez jouir de bénédictions dans toutes vos voies uniquement si vous Lui faites confiance et si vous Le suivez, parce que le Dieu tout puissant est avec vous.

Des œuvres parfaites d'obéissance

Si vous entrez dans le quatrième niveau de foi, vous obéissez avec joie à tous les commandements parce que vous aimez Dieu au plus haut degré. Vous ne Lui obéissez pas à contrecoeur ou de manière forcée, mais vous Lui obéissez librement et joyeusement du plus profond de votre cœur, parce que vous L'aimez.

Laissez-moi utiliser un exemple pour vous aider à mieux comprendre ceci. Supposons que vous avez une grande dette. Si vous ne payez pas la dette immédiatement, vous serez punis selon la loi. Pire, supposons que l'un des membres de votre famille est dans le besoin d'une opération immédiate. Vous seriez découragés si vous n'aviez pas d'argent dans une telle situation extrême.

Comment donc, allez-vous réagir, si vous trouvez une grosse gemme de diamant par hasard sur la route ? La réaction va varier en fonction de la mesure de votre foi.

Si vous êtes au premier niveau de foi pour recevoir de justesse le salut, vous pourriez penser « Avec ceci, je peux payer toute ma dette et payer les frais médicaux » C'est parce que vous ne connaissez pas encore bien la Parole de Dieu. Vous allez regarder autour de vous pour voir s'il y a quelqu'un et vous allez la prendre s'il n'y a personne.

Si vous êtes au second niveau de foi où vous essayez de vivre par la Parole, vous pouvez avoir la guerre spirituelle entre le désir de la nature pécheresse, disant, « Ceci est la réponse de Dieu à ma prière », et le désir du Saint Esprit qui dit, « Non, c'est du vol, vous devez la rendre à son propriétaire. »

Au début, vous allez hésiter et vous allez peser si vous allez la prendre ou l'apporter à la police, mais à la fin, vous la mettrez dans votre poche, parce que la présence du mal est plus forte que la présence de la bonté en vous. Si vous n'aviez pas de dettes ou que vous n'étiez pas dans une telle situation urgente, vous pourriez hésiter pour un moment, mais vous l'apporteriez à la police. Cependant, le mal en vous peut éventuellement vaincre la bonté, parce que vous vous trouvez dans une situation désespérée.

Ensuite, si vous êtes au troisième niveau de la foi, ou que vous vous tenez sur le rocher de la foi, suivant les désirs du Saint Esprit, vous allez apporter le diamant à la police, parce que vous voulez le rendre à son propriétaire. Vous pouvez cependant regretter le diamant dans votre cœur, en disant, « J'aurais pu payer toutes mes dettes et payer pour l'opération ! » Vos œuvres ne sont donc pas encore parfaites, parce que votre désir pour la contrevérité demeure en vous de cette manière.

Comment réagiriez-vous devant une telle situation si vous êtes au quatrième niveau de foi ? Vous ne pensez plus jamais à votre propre désir, même à la vue d'une gemme de telle valeur, parce que vous n'avez plus de contrevérité dans votre cœur et que ce genre d'idée mauvaise ne peut plus toucher votre pensée.

Au contraire, vous êtes touchés pour le propriétaire, en pensant, « comment il doit avoir le cœur brisé ! Je parie qu'il la cherche partout. Je vais l'apporter immédiatement à la police. » Vous allez faire ce que vous pensez et l'apporter à la police.

De cette manière, si vous aimez le Seigneur au plus haut degré et que vous vous trouvez au quatrième niveau de foi, vous obéissez toujours à la loi de Dieu, que quelqu'un vous voie ou non, parce que votre vie suit la loi. Dans une telle situation, il est inutile pour vous d'essayer de discerner la voix du Saint Esprit de toute autre chose, telle que votre pensée pécheresse.

Avant de vous tenir sur le rocher de la foi, vous vous trouvez à de nombreuses reprises dans des difficultés, parce que ce n'est pas facile pour vous de discerner entre vos propres pensées et la voix du Saint Esprit. Même si vous êtes sur le rocher de la foi, vous pourriez ne pas être capables de séparer les choses anciennes des nouvelles.

Cependant, une fois que vous aurez atteint la mesure de foi du quatrième niveau, vous n'avez plus de raison de vous sentir chargés et vous ne devez suivre que la voix du Saint Esprit parce qu'Il dirige et contrôle votre cœur à 100%.

De plus, lorsque vous êtes au quatrième niveau de foi,

vous ne vous basez plus sur les pensées humaines, la sagesse ou l'expérience, mais le Seigneur vous conduit dans toutes vos voies. En conséquence, vous pouvez jouir des bénédictions de « Jehovah Jireh » (le Seigneur qui pourvoit), et toutes choses vont bien avec vous.

3. Aimer Dieu sans Conditions

Si vous êtes au quatrième niveau de foi, votre amour de Dieu est inconditionnel. Vous proclamez l'évangile ou accomplissez fidèlement le travail de Dieu, parce que, sans aucune attente de recevoir des bénédictions ou des réponses de Dieu, vous considérez simplement que c'est votre devoir d'agir ainsi. Il en va de même lorsque vous servez votre prochain avec un amour du sacrifice. Vous agissez ainsi, sans espérer d'eux aucune espèce de récompense, parce que vous aimez tellement leurs âmes.

Les parents demandent-ils à leurs enfants une quelconque forme de remboursement pour leur amour ? Ils ne le font jamais ; aimer c'est donner. Les parents sont uniquement heureux et joyeux pour le fait d'avoir des enfants qu'ils aiment. S'il existe certains parents qui veulent que leurs enfants leur obéissent ou qui élèvent leurs enfants uniquement pour se vanter, ils attendent un remboursement pour leur amour.

De la même manière, les enfants ne demandent rien en retour à leurs parents, s'ils aiment leurs parents avec un cœur véritable. Lorsqu'ils accomplissent leurs devoirs et font de leur mieux pour plaire à leurs parents, les parents sont contraints à considérer : « Que vais-je leur offrir ? »

De même, si vous atteignez le niveau de foi auquel vous aimez le Seigneur au plus haut degré, uniquement le fait que vous ayez reçu la grâce du salut est suffisant pour vous inciter à louer Dieu, et vous savez dès lors qu'il n'y a aucun moyen de rembourser Sa grâce et vous ne pouvez plus vous empêcher d'aimer la vérité et Dieu sans conditions.

Pour cela, si vous avez la foi pour aimer Dieu sans aucune condition, vous allez prier, travailler et servir jour et nuit le royaume de Dieu et Sa justice, et vous n'attendrez aucun remboursement pour cela.

Aimer Dieu avec un cœur qui ne change pas

Dans Actes 16 :19-26, il y a Paul et Silas qui, malgré qu'ils aient fait le bien en prêchant l'évangile aux Gentils et en chassant les démons en eux, furent saisis et entraînés vers un marché par des gens méchants. Là, ils furent dépouillés et brutalement fouettés et jetés dans une prison. Ils furent mis dans une cellule intérieure, avec les pieds emprisonnés dans des ceps. Si vous étiez dans leurs chaussures, que feriez-vous ?

Si vous êtes au premier ou au second niveau de foi, vous pouvez vous plaindre ou grogner, « Dieu, es-Tu réellement vivant ? Nous avons travaillé fidèlement pour Toi jusqu'à maintenant. Mais pourquoi permets-tu que nous soyons emprisonnés ? »

Au troisième niveau de foi, vous ne pourrez jamais

murmurer de telles paroles, mais vous pourrez prier sur un ton un peu déprimé : « Dieu, Tu nous a vu humiliés ainsi alors que nous prêchions l'évangile pour Toi. Tout ceci est tellement douloureux. S'il Te plait, guéris-nous et libère-nous ! »

Paul et Silas cependant, ont rendu grâce à Dieu et ont élevé vers Lui des chants de louange, et cela malgré qu'ils se trouvaient dans une situation très désespérée et extrême, et n'avaient aucune idée de ce qui allait leur arriver. Tout soudain, avec un violent tremblement de terre, les fondements de la prison furent secoués. Aussitôt, toutes les portes de la prison s'ouvrirent et toutes les chaînes se détachèrent. En plus de ce miracle, le geôlier et sa famille acceptèrent l'évangile de Jésus Christ et reçurent leur salut.

Donc, les gens au quatrième niveau de foi peuvent donner gloire à Dieu en cet instant, parce qu'ils ont une foi forte avec laquelle ils peuvent prier et louer Dieu avec joie au milieu de n'importe quelle épreuve ou difficulté.

Obéissant joyeusement à tout

Dans Genèse 22, Dieu a ordonné à Abraham de sacrifier son fils unique Isaac, le fils de la promesse de Dieu, comme un holocauste à Lui. Un holocauste se réfère à un sacrifice offert à Dieu en coupant un animal en morceaux, de placer les morceaux sur du bois arrangé sur un autel et de les consumer par le feu.

Il a fallu trois jours à Abraham pour arriver dans la région de Morija où il devait sacrifier son fils Isaac comme un holocauste en obéissance au commandement de Dieu. A quoi pensez-vous qu'il pensait pendant ces trois jours de voyage ?

Certaines personnes argumentent qu'Abraham y alla avec un conflit dans ses pensées : « Dois-je Lui obéir ou non ? » Ce n'était cependant pas le cas. Vous devez savoir que les gens au troisième niveau de foi essayent d'aimer Dieu parce qu'ils savent qu'ils doivent aimer Dieu.

Les gens au quatrième niveau de foi cependant, L'aiment simplement sans devoir essayer de l'aimer. Dieu savait d'avance qu'Abraham Lui obéirait avec joie, et Il testa sa foi. Il ne permet cependant pas une épreuve aussi dure à des gens qui ne sont pas capables de Lui obéir.

C'est pourquoi Hébreux 11 :19 commente que, « *Il pensait que Dieu est puissant, même pour ressusciter les morts ; aussi le recouvra-t-il par une sorte de résurrection.* » Abraham a pu joyeusement obéir à Son commandement parce qu'il croyait que Dieu pouvait ressusciter son fils des morts. Finalement, Abraham passa le test de la foi et reçut une énorme récompense. Il devint le précurseur de la foi, une bénédiction pour les nations et il fut aussi appelé « l'ami » de Dieu.

Si vous êtes le genre de personne qui obéit à Dieu avec joie vous êtes toujours reconnaissant et satisfait dans n'importe quelle épreuve ou difficulté. Vous ne pouvez que remercier Dieu du plus profond de votre cœur et prier, parce que vous savez que Dieu travaille dans toutes choses pour votre bien, et qu'Il vous donne des bénédictions au travers des épreuves et des persécutions.

Dieu se réjouit de votre foi et Il donne tout ce que vous demandez. C'est ce que Jésus nous dit dans Matthieu 8 :13, « *Qu'il te soit fait selon ta foi,* », et dans Matthieu 21 :22, « *Tout ce que vous demanderez avec foi par la prière vous le recevez.* »

Si vous avez encore une requête de prière qui n'est pas répondue, cela prouve que vous ne Lui avez pas entièrement fait confiance, mais que vous avez douté. C'est pourquoi vous devez atteindre le niveau où vous aimez Dieu sans conditions en Lui obéissant avec joie de tout votre cœur et en toutes circonstances.

Prendre tout avec amour et miséricorde

Qu'allez-vous faire si quelqu'un vous blâme et vous accuse sans motif ? Si vous êtes au second niveau de foi, vous ne serez pas capables de le supporter et vous aller vous plaindre ou vous quereller sur le sujet. De plus, si vous avez plus de méchanceté dans vos pensées, vous serez en colère et vous pourriez lui lancer des insultes. Il n'est cependant pas bon pour des enfants de Dieu de montrer n'importe quelle forme de mal, telle la colère, la mauvaise humeur, ou le langage abusif, comme il est dit dans 1 Pierre 1 :16, « Vous serez saints car Je suis saint. »

Si vous êtes au troisième niveau de foi, comment réagirez-vous ? Vous vous sentez malheureux et mal à l'aise, parce que Satan est sans cesse au travail dans vos pensées. Ceci est parce que même si vous pensez dans votre intelligence que vous devez être joyeux, vous manquez de gratitude et de joie qui coule de votre cœur.

Si vous êtes au quatrième niveau de foi, votre pensée n'est pas secouée et vous ne vous sentez pas mal à l'aise même si les autres vous haïssent ou vous persécutent sans motif, parce que vous avez déjà rejeté toute espèce de mal.

Jésus ne Se sentait pas mal à l'aise ou blessé malgré qu'il soit confronté à la persécution, le danger, le déshonneur et un traitement dédaigneux de la part des gens pendant qu'Il prêchait l'évangile. Il n'a jamais dit des choses comme : « Je n'ai fait que de bonnes choses, mais des gens méchants m'ont persécuté et ont même essayé de me tuer. Je suis angoissé. » Au contraire, Il ne leur a dit que des paroles qui donnent la vie.

Si vous êtes au quatrième niveau de foi, vous avez reçu le cœur du Seigneur. Maintenant, vous pleurez pour ceux qui vous persécutent et vous priez pour eux au lieu de les haïr ou d'être hostiles à leur égard. Vous leur pardonnez et vous les comprenez, en les couvrant d'amour et de miséricorde.

A cause de cela, j'espère que vous comprenez que dans la même situation, des gens qui ont le sang chaud ou qui haïssent les autres se sentent blessés et déprimés, alors que ceux qui pardonnent et couvrent les autres d'amour et de miséricorde ne ressentent aucune angoisse et vainquent le mal par la bonté.

4. Aimer Dieu plus que toute autre Chose

Si vous atteignez le niveau d'aimer le Seigneur au plus haut degré, vous obéissez totalement aux commandements et votre âme prospère. C'est naturel pour vous d'aimer Dieu par-dessus tout. C'est pourquoi l'apôtre Paul a confessé dans Philippiens 3 : 7-9 qu'il considérait tout ce qu'il avait comme une perte, et qu'il a tout perdu parce qu'il le considérait comme de la « boue » :

> *Mais ces choses qui étaient pour moi des gains, je les ai regardées comme une perte, à cause de Christ. Et même, je regarde toutes choses comme une perte, à cause de l'excellence de la connaissance de Jésus Christ mon Seigneur, pour lequel j'ai renoncé à tout ; je les regarde donc comme de la boue, afin de gagner Christ, et d'être trouvé en Lui, non avec ma justice, celle qui vient de la loi, mais avec celle qui s'obtient par la foi en Christ, la justice qui vient de Dieu par la foi.*

Lorsque vous aimez Dieu par-dessus tout

Jésus nous enseigne dans les quatre évangiles le genre de bénédictions qui est donné à ceux qui jettent tout ce qu'ils ont et qui aiment Dieu plus que tout autre chose, de la manière dont l'apôtre Paul le faisait. Il nous a promis dans Marc 10 :29-30 qu'Il leur donnerait cent fois plus de bénédictions dans ce monde et la vie éternelle dans le siècle à venir.

> *Je vous le dis en vérité, il n'est personne qui ait quitté à cause de Moi et à cause de la bonne nouvelle, sa maison ou ses frères, ou ses sœurs ou sa mère ou son père ou ses enfants ou ses terres, ne reçoive au centuple, présentement dans ce siècle-ci, des maisons, des frères, des sœurs, des mères, des enfants et des terres, avec des persécutions, et dans le siècle à venir, la vie éternelle.*

La phrase « quitter votre maison ou vos frères ou vos sœurs ou vos mères ou vos pères ou vos enfants ou vos terres pour le Seigneur et l'évangile » signifie spirituellement que vous ne désirez plus de telles choses terrestres, que vous brisez les relations charnelles, et que par-dessus toutes choses vous aimez Dieu qui est Esprit.

Bien sûr, cela ne veut pas nécessairement dire que vous n'aimez pas les autres gens sur base que vous aimez premièrement Dieu. À propos de ceci, 1 Jean 4 :20-21 nous dit, « *Si quelqu'un dit : j'aime Dieu, et qu'il haïsse son frère, c'est un menteur ; car celui qui n'aime pas son frère qu'il voit, comment peut-il aimer Dieu qu'il ne voit pas ? Et nous avons de Lui ce commandement ; que celui qui aime Dieu aime aussi son frère.* »

Les gens disent que les parents donnent naissance au corps de leurs enfants. L'homme est conçu dans la matrice par la combinaison du sperme du père et de l'ovule de la mère. Cependant, le sperme et l'ovule des parents ont été créés par Dieu le Créateur, et non par le parents eux-mêmes.

De plus, le corps visible retourne à une poignée de poussière après la mort. Le corps n'est en fait qu'une maison dans laquelle habitent l'âme et l'esprit. Le véritable maître de l'homme est l'esprit et c'est Dieu Lui-même qui contrôle l'esprit. Nous devons donc aimer Dieu plus que toute autre chose si nous comprenons que seul Dieu peut nous donner la vraie vie, la vie éternelle et le ciel.

J'ai erré devant la porte de la mort parce que j'ai souffert de toutes sortes de maladies incurables pendant sept années. J'ai été miraculeusement complètement guéri lorsque j'ai rencontré le Dieu vivant. A partir de ce moment, j'ai aimé Dieu plus que toute autre chose et Il m'a rendu tellement de bénédictions.

Par-dessus tout, j'ai été pardonné de tous mes péchés et j'ai reçu le salut et la vie éternelle. De plus, j'ai prospéré et j'ai vécu en bonne santé comme prospérait mon âme. Plus tard, Dieu m'a appelé à être son serviteur pour accomplir la mission mondiale et il m'a donné la puissance.

Il m'a révélé des choses qui doivent arriver. Il m'a aussi envoyé beaucoup de bons ministres et des ouvriers d'église fidèles et il a permis à mon église de grandir de manière exponentielle en taille, afin que je puisse accomplir la providence de Dieu.

Pendant ce temps, il m'a béni pour que je sois aimé de la même manière par les membres de l'église et par les incroyants. Il a poussé ma famille à l'aimer plus que tout autre chose, et Il les a tellement complètement préservé de toutes sortes de maladies et d'accidents depuis qu'ils ont accepté le Seigneur ; aucun d'eux n'a jamais pris de médicaments ou n'a été hospitalisé. De cette manière, il m'a tellement béni que je ne manque de rien.

Accomplissant l'amour spirituel

Si vous aimez Dieu plus que toute autre chose, vous vivez dans l'abondance parce qu'Il vous conduit en toutes circonstances et le véritable bonheur d'en haut vient pleinement dans votre cœur.

Par conséquent, vous partagez cet amour débordant avec les autres parce que l'amour spirituel vient pleinement sur vous. Vous pouvez aimer tous les gens avec un amour qui ne change pas éternellement, parce qu'il n'y a pas du tout de mal dans votre pensée.

L'amour spirituel est expliqué en détails dans 1 Corinthiens 13 :4-7 :

> *L'amour est patient, il est plein de bonté ; l'amour n'est point envieux ; l'amour ne se vante point, il ne s'enfle point d'orgueil, il ne fait rien de malhonnête, il ne cherche point son intérêt, il n' s'irrite point, il ne soupçonne point le mal, il ne se réjouit point de l'injustice, mais il se réjouit toujours de la vérité ; il excuse tout, il croit tout, il espère tout, il supporte tout.*

Aujourd'hui, il y a des conflits, des discordes et des querelles dans ce monde et des querelles entre mari et femme ou parmi les membres de la famille dans beaucoup de maisons, parce qu'il n'y pas d'amour spirituel en eux. Il y a toujours conflit et ils ne peuvent pas conserver une douce et pacifique maison parce que chacun affirme qu'il ou elle a raison et qu'il ne souhaite que d'être aimé.

Cependant, quand les gens commencent à aimer Dieu par-dessus tout, ils atteignent l'amour spirituel en chassant l'amour charnel. L'amour charnel change et est égoïste tandis que l'amour spirituel place les autres à la première place dans un esprit d'humilité et recherche le profit des autres avant ses profits propres. Si vous possédez cet amour spirituel, votre amour sera sûrement rempli de bonheur et d'harmonie.

Comme c'est souvent le cas, vous êtes persécutés par les membres de votre famille ou par des amis qui ne croient pas en Dieu lorsque vous commencez à aimer Dieu (Marc 10 :29-30). Cependant, cela ne dure pas longtemps. Si votre âme prospère et que vous atteignez le quatrième niveau de foi, la persécution se transforme en bénédiction et les persécuteurs commencent à vous aimer et à vous approuver.

2 Corinthiens 11 ; 23-28 décrit la sévérité des persécutions dont a souffert l'apôtre Paul pendant qu'il prêchait l'évangile pour le Seigneur. Il a travaillé plus dur pour le Seigneur que quiconque, a été jeté en prison plus fréquemment, fouetté plus brutalement et exposé à la mort encore et encore. Malgré cela, Paul rendait grâce et était joyeux plutôt que de ressentir de l'angoisse.

De la même manière, si vous atteignez le quatrième niveau de foi auquel vous aimez Dieu plus que toute autre chose, même si vous deviez marcher dans la vallée de l'ombre de la mort, cet endroit peut être le ciel et la persécution se transforme rapidement en bénédictions, parce que Dieu est avec vous.

Dans Matthieu 5 :11-12 Jésus nous dit, *« Heureux serez vous lorsqu'on vous outragera, qu'on vous persécutera et qu'on dira faussement de vous toute sorte de mal, à cause de moi. Réjouissez vous et soyez dans l'allégresse, parce que votre récompense sera grande dans les cieux ; car c'est ainsi qu'on a persécuté les prophètes qui ont été avant vous. »*

Pour cela, vous devez comprendre que même si les épreuves et les difficultés viennent sur vous à cause du Seigneur, lorsque vous vous réjouissez et que vous êtes heureux, non seulement vous recevez l'amour, la reconnaissance et la récompense dans le ciel, mais vous recevez également au centuple dans ce siècle.

Le fruit du Saint Esprit et les Béatitudes

Lorsque vous atteignez le quatrième niveau de foi, vous porterez abondamment les neufs fruits du Saint Esprit, et les Béatitudes commencent à venir sur vous. Galates 5 : 22-23 nous parle des neuf fruits du Saint Esprit : *« Mais le fruit de l'Esprit, c'est l'amour, la joie, la paix, la patience, la bonté, la bienveillance, la fidélité, la douceur, la maîtrise de soi ; la loi n'est pas contre ces choses. »*

Le fruit du Saint Esprit est l'amour de Jésus Christ qui donne l'eau à l'ennemi lorsqu'il a soif et le nourrit lorsqu'il a faim. Lorsque vous portez le fruit de la joie, la paix véritable et le bonheur viennent sur vous parce que vous cherchez et créez uniquement la bonté et la beauté. Vous êtes également dans la paix avec tout le monde dans la sainteté lorsque vous portez le fruit de la paix.

De plus, vous priez continuellement dans la gratitude et la joie, avec le fruit de la patience, même si vous rencontrez des épreuves et des difficultés. Avec le fruit de la bienveillance, vous pardonnez des choses impardonnables et les gens comprennent des choses que vous ne pouvez pas comprendre, et prennent soin des autres afin qu'ils puissent devenir plus prospères que vous. Avec le fruit de la bonté, vous chassez toute espèce de mal, recherchez la merveilleuse bonté et ne négligez ni blessez les sentiments des autres.

Avec le fruit de la fidélité vous obéissez totalement à la Parole de Dieu et vous êtes fidèles au Seigneur au point de donner votre propre vie parce que vous voulez la couronne de vie. Avec le fruit de la douceur, qui est aussi douce que le coton, vous pouvez tendre votre joue gauche à quelqu'un qui vous frappe sur la joue droite, et couvrir tout le monde avec amour et miséricorde.

Finalement avec le fruit de maîtrise de soi, vous suivez l'ordre donné par Dieu sans rébellion ou partialité, et vous accomplissez la volonté de Dieu d'une manière belle et harmonieuse.

De plus, vous allez voir que les Béatitudes, décrites dans Matthieu 5, qui sont impérissables, inchangées et éternelles, vont aussi venir sur vous.

Lorsque vous portez abondamment le fruit du Saint Esprit et que les Béatitudes commencent à venir sur vous de cette manière, vous êtes très proches du cinquième niveau de foi, où vous pouvez être conduits sur le chemin de la prospérité et recevoir des choses que vous ne faites que penser.

Afin d'atteindre le sommet d'une montagne, vous devez gravir la montagne un pas à la fois. Au sommet, vous vous trouvez rafraîchis et joyeux même si la montée a été très dure. Les fermiers travaillent dur avec l'espérance d'une abondante moisson parce qu'ils croient qu'ils peuvent moissonner à la mesure de leur sueur. De la même manière, nous pouvons moissonner les bénédictions que Dieu promet dans la Bible, lorsque nous vivons dans la vérité.

Puissiez-vous posséder la foi pour aimer Dieu plus que toute autre chose en chassant vos péchés en les combattant avec diligence et en vivant selon la volonté de Dieu, au nom du Seigneur, je prie !

8

La Foi pour plaire à Dieu

1. Le Cinquième Niveau de Foi

2. La Foi pour Sacrifier Sa propre Vie

3. La Foi pour Manifester les Signes et les Miracles

4. Etre fidèle dans toute la Maison de Dieu

Bien-aimés, si notre cœur ne nous condamne pas, nous avons de l'assurance devant Dieu. Quoi que ce soit que nous demandions, nous le recevons de Lui parce que nous gardons ses commandements et que nous faisons ce qui Lui est agréable.
(1 Jean 3 :21-22)

LA FOI POUR PLAIRE À DIEU

Les parents sont remplis de joie et de fierté pour leurs enfants lorsqu'ils obéissent, les respectent et les aiment du plus profond de leurs cœurs. Les parents ne donnent pas seulement à ces enfants tout ce qu'ils désirent, mais essaient aussi de leur donner ce qu'ils désirent dans leur cœur, sans le demander ou le rechercher pour leurs besoins.

De même, lorsque vous aimez et plaisez à Dieu, vous ne recevrez pas uniquement quoi que ce soit que vous demandez, mais aussi quoi que se soit que vous désirez dans votre cœur, parce que Dieu est grandement satisfait de votre foi et qu'Il vous aime. En fait, rien n'est impossible lorsque vous avez une telle relation avec Lui.

Plongeons maintenant dans la foi qui plait à Dieu et les moyens de l'atteindre.

1. Le Cinquième Niveau de Foi

La foi pour plaire à Dieu est plus élevée que la foi pour aimer Dieu plus que toutes choses. Quelle est donc cette foi pour Lui plaire ? Autour de nous, nous voyons des enfants qui aiment véritablement leurs parents, obéissent à la volonté de leurs parents, comprennent le cœur de leurs parents en toutes choses. De plus, lorsque vous pouvez comprendre la dimension de l'amour à laquelle vous pouvez plaire à vos parents, vous pouvez aussi comprendre la foi qui plait à Dieu.

Quel genre d'amour peut plaire à Dieu ?

Dans les fables coréennes, il y a des fils obéissants, des filles et des brus dont les œuvres d'amour ont plu à leurs parents et ont même bougé le ciel. Par exemple, une histoire parlait d'un fils qui prenait soin de sa vieille mère qui était malade au lit. Il a fait tous ses efforts, mais en vain pour que sa mère soit bien portante.

Un jour, le fils entendit que sa vieille mère malade pouvait être guérie si elle buvait du sang de son doigt. Le fils de son plein gré se coupa le doigt et la laissa boire son sang. Ensuite sa mère récupéra rapidement. Bien sûr, il n'y a aucune preuve médicale que le sang d'un homme puisse revitaliser une personne malade. Cependant, son amour du sacrifice et son sérieux ont remué Dieu et il Lui fit grâce, juste comme un proverbe coréen nous le dit, « la sincérité remue le ciel ».

Il y a une autre histoire qui remue le cœur, d'un fils qui prenait soin de ses parents malades. Il alla dans les profondeurs d'une montagne au milieu de l'hiver, traçant son chemin dans la neige qui était plus profonde que le genou et creusant afin de trouver des herbes et des fruits rares et mystérieux, dont on avait dit qu'ils étaient bons pour ses parents malades.

Il y a aussi une autre histoire d'un homme et d'une femme qui ont fidèlement servi à leurs vieux parents de la bonne nourriture chaque jour, malgré le fait que tous les deux et leurs enfants étaient fréquemment affamés.

Qu'en est il des gens de notre époque ? Il y en a certains

qui cachent de la délicieuse nourriture afin de pouvoir nourrir leurs enfants, mais qui servent leurs parents chichement, avec beaucoup de répugnance. Vous ne diriez jamais qu'il s'agit d'amour au sens originel du terme, s'ils déversent de l'amour sur leurs propres enfants, mais oublient la grâce et l'amour de leurs propres parents. Ceux qui aiment véritablement leurs parents leur serviront de la bonne nourriture, et ils cacheront même éventuellement le fait que leurs propres enfants sont affamés. Pourriez-vous vous sacrifier ainsi pour vos parents ?

Pour cela, nous devons connaître la différence évidente entre l'amour obéissant avec joie et gratitude, et l'amour qui plait aux parents. Cela n'a pas été facile de trouver des enfants qui avaient cet amour qui plait aux parents dans le passé, et c'est devenu encore plus difficile aujourd'hui de trouver de tels enfants, par ce que le monde aujourd'hui déborde de mal et de péché.

C'est pareil à l'amour des parents qui est considéré comme étant l'amour le plus sublime et beau. Même ma mère qui m'aimait beaucoup m'a dit pendant qu'elle pleurait amèrement « Meurs et ce sera ton devoir comme mon fils, » parce que j'avais été malade pendant des années et qu'il n'y avait pas d'espoir d'amélioration.

Cependant, comment le Dieu d'amour a-t-Il montré Son amour pour nous ? Non seulement Il a donné son Fils unique afin qu'il meure sur la croix pour ouvrir le chemin du salut et du ciel, mais aussi Son amour qui n'a pas de fin.

Dans mon cas, depuis que j'ai rencontré Dieu, j'ai toujours ressenti et réalisé Son amour débordant afin que je puisse comprendre Son amour du plus profond de mon cœur et rapidement grandir à la pleine mesure de la foi. J'en suis arrivé à L'aimer par dessus toutes choses et à posséder une foi qui plait à Dieu

Posséder une foi qui plait à Dieu

Dans le Psaume 37 :4, Dieu nous promet, *« fais de l'Eternel tes délices et Il te donnera ce que ton cœur désire. »* Si vous plaisez à Dieu, il vous donnera non seulement tout ce que vous demandez, mais aussi tout ce que vous désirez dans votre cœur.

Lorsque j'allais commencer mon église, je n'avais que 10 $ US. Et pourtant, Dieu m'a béni pour pouvoir louer un bâtiment de 300 mètres carrés afin de fonder l'église, lorsque j'ai prié avec foi. Dieu a aussi donné à mon église un grand réveil et des bénédictions mesurées, comptées et qui débordent lorsque je L'ai prié avec une grande vision et un rêve pour la mission mondiale depuis le commencement.

De la même manière, tout est possible pour vous lorsque vous avez une foi qui plait à Dieu, parce que Jésus nous rappelle dans Marc 9 :23, *« Si tu peux !... Tout est possible à celui qui croit. »* Comme cela est aussi mentionné dans Deutéronome 28, vous serez bénis à votre départ et à votre arrivée, vous n'emprunterez pas mais vous prêterez aux nations, et le Seigneur fera de vous la tête. De plus, les signes vous accompagneront comme c'est assuré dans Marc 16.

Jésus vous promet aussi des bénédictions inimaginables

dans Jean 14 :12-13. Lisons ensemble ces versets pour voir quelles bénédictions vont suivre lorsque vous plaisez à Dieu par la foi :

> *En vérité, en vérité, je vous le dis, celui qui croit en Moi fera aussi les œuvres que Je fais, et il en fera de plus grandes, parce que Je m'en vais au Père, et tout ce que vous demanderez en Mon nom, Je le ferai afin que le Père soit glorifié dans le Fils.*

Bénédictions données à Hénoch

Dans la Bible, nous voyons de nombreux précurseurs de la foi qui ont plu à Dieu. Parmi eux, comment Hénoch, qui est mentionné dans Hébreux 11 a-t-il plu à Dieu et quelles bénédictions a-t-il reçues ?

> *C'est par la foi qu'Hénoch fut enlevé pour qu'il ne voie point la mort, et il ne parut plus parce que Dieu l'avait enlevé ; car, avant son enlèvement, il avait reçu le témoignage qu'il était agréable à Dieu. Or, sans la foi il est impossible de Lui être agréable ; car il faut que celui qui s'approche de Dieu croie que Dieu existe, et qu'il est le rémunérateur de ceux qui le cherchent (V5-6).*

Genèse 5 :21-24 montre Hénoch comme étant celui qui plaisait à Dieu, parce qu'il était sanctifié à l'âge de 65 ans et avait été fidèle dans toute la maison de Dieu. Hénoch a marché avec Dieu pendant 300 ans, partageant l'amour avec Lui et il ne connut pas la mort, parce que Dieu l'a enlevé. Il a été tellement abondamment béni qu'il demeure maintenant près du trône de Dieu, partageant son amour infini.

De même, il est possible d'être emporté au ciel sans connaître la mort, si vous possédez une foi qui plait à Dieu. Le Prophète Elie n'a pas non plus vu la mort mais a été enlevé au ciel parce qu'il avait témoigné du Dieu vivant et qu'il a sauvé de nombreuses personnes en leur montrant de merveilleuses œuvres de puissance avec une foi agréable à Dieu.

Croyez-vous que Dieu existe et qu'Il est le rémunérateur de ceux qui le cherchent avec diligence ? Si vous avez une telle foi, il suffit pour vous d'être totalement sanctifiés et de déposer même votre propre vie pour accomplir la tâche que Dieu vous a confiée.

2. La Foi pour Sacrifier Sa propre Vie

Jésus nous ordonne dans Matthieu 22 :37-40 ce qui suit, *« Tu aimeras le Seigneur ton Dieu, de tout ton cœur, de toute ton âme et de toute ta pensée. C'est le premier et le plus grand commandement. Et voici le second qui lui est semblable : tu aimeras ton prochain comme toi-même. De ces deux commandements dépendent la loi et les prophètes. »*

Comme Jésus le dit, les gens qui aiment Dieu Lui sont

agréables non seulement en aimant Dieu de tout leur cœur, de toute leur âme et de toute leurs pensées, mais aussi en aimant leur prochain comme eux-mêmes. Vous pouvez appeler cette foi qui est agréable à Dieu « la foi de Christ » ou « la foi spirituelle complète », parce que cette foi est assez forte pour vous-même pour déposer votre propre vie sans retenue pour Jésus Christ.

La foi pour sacrifier sa vie pour la volonté de Dieu

Jésus a complètement obéi à la volonté de Dieu. Il a été crucifié à la croix, devint le premier fruit de la résurrection et est maintenant assis à la droite du trône de Dieu, et tout cela parce qu'Il avait la foi pour se sacrifier totalement au point de déposer Sa vie au-delà de l'obéissance complète. C'est pourquoi Dieu témoigne de Jésus, en disant, *« Celui-ci est Mon Fils bien-aimé, en qui J'ai mis toute mon affection. »* (Matthieu 3 :17 ; 17 :5), et *« voici Mon serviteur que J'ai choisi, Mon bien-aimé en qui Mon âme prend plaisir. »* (Matthieu 12 :18).

Au travers de l'histoire de l'église, il y a eu de nombreux précurseurs de la foi qui ont donné leur vie sans retenue comme Jésus l'a fait, pour plaire à la volonté de Dieu. A côté de Pierre, Jacques et Jean qui ont suivi Jésus tout le temps, beaucoup d'autres ont déposé leurs vies pour Jésus Christ sans hésitations ni réserves. Pierre est mort à la croix la tête en bas, Jacques a été décapité, et Jean fut jeté dans l'eau bouillante d'un pot de métal, mais il ne mourut pas et fut exilé à l'île de Patmos.

Beaucoup de chrétiens sont morts dans le Colisée de Rome en louant Dieu, jetés en pâture aux lions. Beaucoup d'autres se sont accrochés à leur foi en vivant toute leur vie dans les catacombes, « un cimetière souterrain » sans jamais voir la lumière du soleil. Leur foi fut agréable à Dieu, parce qu'ils ont vécu selon ce que la Parole ordonne comme suit, « *Car si nous vivons, nous vivons pour le Seigneur, et si nous mourons, nous mourons pour le Seigneur. Soit donc que nous vivions, soit que nous mourions, nous sommes au Seigneur.* » *(Romains 14 :8).*

En 1992, j'ai commencé à saigner du nez à cause du surmenage sans suffisamment de sommeil et de repos. Pratiquement l'entièreté de mon sang semblait être sorti de mon corps. La conséquence est que j'étais rapidement dans un état critique. J'ai graduellement perdu conscience et finalement atteint la porte de la mort.

En ce temps là, je sentais que je serais bientôt dans les bras de Jésus, mais je n'avais nulle intention de dépendre d'un traitement médical. Je n'ai jamais pensé voir un médecin pour mon saignement nasal. Je n'ai pas été dans un hôpital et je ne me suis jamais reposé sur un quelconque remède du monde même en face de la mort, parce que je croyais dans le Dieu tout puissant, mon Père. Ma famille et les membres de mon église ne m'ont pas non plus poussé à être traité dans un hôpital. Ils me connaissaient tellement bien parce que j'avais toujours dédié ma vie totalement à Dieu, ni au monde, ni à aucun homme.

Malgré que j'étais inconscient à cause des saignements

massifs, mon esprit rendait grâce à Dieu à cause du fait que j'étais capable de nicher dans les bras de Jésus et de prendre un repos éternel. Ma seule espérance était de rencontrer le Seigneur Jésus.

Le Seigneur m'avait cependant montré dans une vision ce qui devait arriver à mon église après ma mort. Certaines personnes resteraient dans mon église en conservant leur foi, alors que de nombreuses autres personnes retourneraient vers le monde, quitteraient Dieu et pécheraient contre Lui.

Après avoir vu cela, je n'étais pas capable de reposer dans les bras de Jésus. Au contraire, j'ai fermement demandé à Dieu de me fortifier, parce que je ressentais une grande tristesse pour tous ceux qui retourneraient vers le monde. Ensuite, avec l'aide du Seigneur qui m'a guéri, je me suis redressé dans le lit et me suis immédiatement mis debout, et ce malgré que j'avais été pratiquement mort et que j'étais pâle comme la neige.

Après avoir repris conscience, j'ai vu de nombreux travailleurs de l'église qui versaient des larmes de joie. Comment ne pouvaient-ils pas être secoués après avoir expérimenté la merveilleuse et puissante œuvre de Dieu de la résurrection d'un mort ?

De cette manière, Dieu est heureux avec ceux qui montrent leur foi en déposant même leur propre vie sans retenue et il leur répond rapidement. En raison des martyrs de la première église, l'évangile a été rapidement répandu partout dans le monde. Même en Corée, le sang des martyrs a aidé la propagation rapide de l'évangile.

La foi pour obéir à toute la volonté de Dieu

1 Thessaloniciens 5 :23 dit, « *Que le Dieu de paix vous sanctifie Lui-même tout entiers et que tout votre être, le corps ,l'âme et l'esprit,, soit conservé irréprochable lors de l'avènement de notre Seigneur Jésus Christ.* » Ici « tout votre être » se réfère à un état de parfait accomplissement de sanctification, le cœur de Jésus Christ.

Un homme de la parfaite sanctification, est celui qui vit uniquement par la volonté de Dieu, parce qu'il peut toujours entendre la voix du Saint Esprit, et son cœur devient la vérité elle-même en accomplissant totalement la Parole de Dieu. Vous pouvez devenir un homme spirituel et atteindre l'attitude de Jésus lorsque vous êtes totalement sanctifiés en chassant toute espèce de mal en vous battant contre le péché qui se trouve en vous.

De plus, lorsqu'un homme spirituel continue à s'équiper de la Parole de Dieu, la vérité gouverne non seulement complètement son cœur mais aussi toute sa vie.

Vous pouvez appelez ce genre de foi « foi totale » ou « parfaite foi spirituelle de Jésus Christ ». Vous êtes capables d'atteindre une telle foi lorsque vous avez un cœur sincère comme cela est décrit dans Hébreux 10 :22 : « *Approchons nous donc avec un cœur sincère, dans la plénitude de la foi, les cœurs purifiés d'une mauvaise conscience, et le corps lavé d'un eau pure.* »

Cela ne signifie cependant pas que vous êtes capables d'égaler Jésus Christ, même si vous aviez l'attitude de Jésus et la foi de Christ. Supposons qu'un fils respecte énormément son père et qu'il essaie de ressembler à son père. Son caractère ou sa personnalité pourraient ressembler à ceux de son père, mais il ne pourrait jamais être son père.

De la même manière, vous ne serez jamais semblables à Jésus Christ. Il a établi un ordre spirituel dans Matthieu 10 :24-25 comme suit : *« Le disciple n'est pas plus que le maître, ni le serviteur plus que son seigneur. Il suffit au disciple d'être traité comme son maître et au serviteur comme son seigneur. »*

Qu'en est-il des relations entre Moïse qui a conduit les israélites hors d'Egypte, et Josué qui a succédé à Moïse et a conduit son peuple en Canaan ? Moïse a partagé la mer rouge et a fait sortir de l'eau du rocher, mais Josué n'était pas inférieur à Moïse pour accomplir les miracles de Dieu : il fit s'arrêter le flot de la rivière Jourdain à un moment de crue, s'écrouler Jéricho et le soleil et la lune arrêter leur course pendant pratiquement un jour entier. Malgré cela, Josué n'a pas pu être supérieur à Moïse qui a parlé clairement à Dieu face à face et non pas en énigmes.

Dans ce monde, un étudiant peut être supérieur à son professeur, mais cela est impossible dans la dimension spirituelle. C'est parce que la dimension spirituelle n'est compréhensible qu'avec l'aide de Dieu et non pas avec des livres ou une connaissance terrestre. C'est pourquoi, quelqu'un qui est spirituellement discipliné par un professeur spirituel ne sera pas supérieur à son professeur, qui réalise et fait les choses dans la grâce de Dieu.

Dans la Bible, Elisée a reçu une double portion de

l'esprit d'Elie et a accompli plus de miracles, mais il était moins qu'Elie qui a été enlevé vivant dans le ciel. A l'époque de la première église également, Timothée a fait de nombreuses choses pour le Seigneur Jésus, mais il n'a pas pu être supérieur à son professeur l'apôtre Paul.

Parce qu'il n'y a pas de limites au monde spirituel, personne ne peut jamais estimer sa profondeur. C'est pourquoi, vous ne pouvez le connaître que par l'enseignement de Dieu, pas par le vôtre. C'est identique au fait que vous ne connaissez pas la profondeur de l'océan ni quelles espèces de plantes ou d'animaux vivent dans le fond. Vous pouvez cependant voir une multitude de poissons et de plantes très colorés lorsque vous allez sous l'océan. De plus vous voyez les mystères de l'océan tant que vous le désirez, lorsque vous l'explorez plus profondément. De plus, au plus vous entrez dans le monde spirituel au plus vous allez en apprendre.

Dieu Lui-même m'enseigne et me permet de comprendre le monde spirituel afin que je puisse atteindre le niveau plus profond du monde spirituel. Il m'a aussi conduit à expérimenter le monde spirituel par moi-même. Il me guide et m'enseigne la mesure de foi en détails de cette manière et il m'utilise pour conduire plus de gens à atteindre le niveau plus profond du monde spirituel. Connaissant ceci, vous devez vous examiner plus attentivement et essayer d'atteindre une foi plus mûre.

3. La Foi pour Manifester les Signes et les Miracles

Si vous avez une foi complète tandis que la vérité s'installe complètement dans votre cœur, vous allez accumuler la prière tandis que vous luttez pour vivre selon la volonté de Dieu ce qui Lui est agréable. Ceci est parce que vous devriez recevoir la puissance de manière à sauver le plus possible d'âmes que Dieu regarde individuellement comme plus précieuses que l'univers entier.

Pourquoi Jésus a-t-Il été crucifié ? Il voulait sauver les âmes perdues qui marchent sur le chemin du péché et en faire des enfants de Dieu.

Pourquoi Jésus a-t-Il dit « *J'ai soif !* » alors qu'Il était pendu à la croix, saignant pendant des heures sous le soleil brûlant ? Au travers de cette remarque, Jésus ne nous demande pas d'étancher sa soif physique qui résultait du fait qu'Il avait perdu tout Son sang, mais pour étancher Sa soif spirituelle en payant le salaire de Son sang. C'était un appel pressant pour nous de sauver les âmes perdues et de les conduire dans les bras de Jésus.

Sauver beaucoup de gens avec puissance

Lorsqu'on atteint le cinquième niveau de foi auquel on plait à Dieu, on se pose la question, « comment puis-je conduire beaucoup de gens vers les bras du Père ? Comment puis-je étendre le royaume de Dieu et Sa justice ? », et en fait, faire de son mieux pour l'accomplir. C'est pourquoi, on essaie de plaire à Dieu en accomplissant d'autres tâches en plus du fait d'accomplir la totalité des tâches que Dieu a confiée.

Un tel individu consacré ne peut cependant pas plaire à Dieu, sans recevoir la puissance, parce que, comme nous le rappelle 1 Corinthiens 4 :20, « *Car le royaume de Dieu ne consiste pas en paroles, mais en puissance.* »

Comment pouvez-vous recevoir la puissance pour conduire beaucoup de gens sur le chemin du salut ? Vous ne pouvez la recevoir que par la prière incessante. C'est parce que sauver des âmes n'est pas accompli par la parole, la connaissance, l'expérience, la réputation ou l'autorité des hommes, mais uniquement par la puissance donnée par Dieu.

Donc, ceux qui sont au cinquième niveau de foi doivent sans cesse continuer à prier pour recevoir la puissance avec laquelle ils sont capables de sauver autant d'âmes que possible.

Le royaume de Dieu est une question de puissance

J'ai un jour rencontré un pasteur qui n'était pas seulement gentil dans son cœur mais qui essayait aussi d'accomplir sa tâche et priait pour vivre selon la Parole de Dieu, mais qui ne portait pas autant de fruit qu'il n'en attendait. Quelle en est la raison ? S'il avait réellement aimé Dieu, il aurait soumis toute sa pensée, sa vie, sa volonté et même sa sagesse à Dieu, mais il n'avait pas fait cela. Il aurait réalisé que lui-même était toujours le maître de sa vie, au lieu d'avoir permis à Dieu de la diriger.

Dieu ne pouvait pas travailler pour lui, parce que ce pasteur ne dépendait pas complètement de Dieu et de l'accomplissement de sa tâche, mais dépendait de ses propres connaissance et pensée. Il n'était donc pas capable de manifester l'œuvre de Dieu qui est au-delà de la capacité humaine, malgré qu'il ait vu le résultat de ses efforts.

Pour cela, vous devez prier, écouter la voix du Saint Esprit, et être supervisé par le Saint Esprit, plutôt que de vous reposer sur la pensée, la connaissance, et l'expérience humaines lorsque vous accomplissez le Ministère de Dieu. Uniquement lorsque vous serez devenu un homme de vérité et que vous serez totalement dirigé par le Saint Esprit, vous allez expérimenter les œuvres miraculeuses manifestées avec Sa puissance venant d'en haut.

Cependant, lorsque vous vous reposez sur les pensées et les théories humaines, même si vous pensez que vous connaissez la Parole de Dieu, priez ou faites de votre mieux pour accomplir votre tâche, Dieu n'est pas avec vous parce qu'une telle attitude est arrogante aux yeux de Dieu. Vous devez pour cela totalement chasser la nature pécheresse, prier ardemment afin d'être une personne spirituelle parfaite et demander la puissance de Dieu, en réalisant pourquoi l'apôtre Paul confessait « Je meurs chaque jour. »

Si vous priez sous l'inspiration du Saint Esprit

Chaque personne qui a accepté le Seigneur Jésus Christ doit prier parce que prier est le souffle spirituel. La substance de la prière varie cependant aux différents niveaux de foi. Quelqu'un au premier ou au second niveau de foi prie surtout pour lui-même, mais il peut difficilement prier plus de dix minutes parce qu'il n'a pas beaucoup de sujets de prière.

De plus, il ne prie pas dans la foi du plus profond de son cœur, même s'il prie pour le royaume de Dieu et sa justice. Cependant, lorsqu'il entre dans le troisième niveau de la foi, il est capable de prier pour le royaume de Dieu et Sa justice sans rien demander pour lui-même.

De plus, comment va-t-il prier une fois qu'il sera entré dans le quatrième niveau de foi ? A ce niveau, il ne prie plus que pour le royaume de Dieu et Sa justice, parce qu'il a complètement rejeté à la fois les actes et les désirs de la nature pécheresse.

Il ne doit pas prier pour se débarrasser de ses péchés parce qu'il vit déjà selon la Parole de Dieu. Il demande des choses à Dieu qui sont au-delà de lui-même ou de sa famille : le salut de plus d'âmes, l'expansion du royaume de Dieu et la justice, et son église, et les travailleurs de l'église et tous les frères et sœurs dans la foi. Il prie constamment parce qu'il est parfaitement conscient qu'il ne peut pas sauver même une seule âme, sans recevoir la puissance de Dieu venant d'en haut. Il prie aussi ardemment, de tout son cœur, son âme et sa pensée pour le royaume de Dieu et Sa justice.

De plus, s'il atteint le cinquième niveau de la foi, il offre des prières qui peuvent être agréables à Dieu et des prières de reconnaissance qui peuvent même remuer Dieu sur Son trône.

Dans le passé, cela lui aurait pris un temps relativement long pour prier dans la plénitude du Saint Esprit, mais maintenant, il peut sentir que sa prière monte vers le ciel avec l'inspiration du Saint Esprit dès qu'il s'agenouille pour prier.

C'est dur lorsque vous priez pour chasser vos péchés. Mais ce n'est pas difficile lorsque vous priez avec la foi pour recevoir la puissance de Dieu pour sauver beaucoup d'âmes et pour plaire à Dieu, ainsi qu'avec un amour brûlant pour le Seigneur.

Montrant des signes et des prodiges miraculeux

Beaucoup de signes et de prodiges miraculeux sont manifestés au travers d'une personne, lorsqu'elle continue à prier instamment avec un ardent amour pour recevoir la puissance de Dieu. Ceci sert à confirmer qu'il possède une foi qui est agréable à Dieu.

Jésus a accompli de nombreux signes et prodiges pendant Son ministère disant dans Jean 4 :48, « *Si vous ne voyez des miracles et des prodiges, vous ne croirez point.* » C'est parce que Jésus pouvait facilement conduire les gens à avoir de la foi en Dieu, en témoignant du Dieu vivant en leur montrant des signes et des prodiges miraculeux.

De nos jours, Dieu choisit aussi les gens appropriés et leur laisse accomplir des signes et des prodiges, et même des plus grands que ceux accomplis par Jésus (Jean 14 :12). Rien que dans mon église seulement, un nombre incalculable de signes et de prodiges a été manifesté.

Examinons maintenant les signes et les prodiges manifestés au travers des personnes qui ont une foi qui est agréable à Dieu. Tout d'abord, lorsque la puissance de Dieu qui est au-delà de la capacité de l'homme est accomplie et démontrée, nous appelons cela « un signe ». Par exemple, les aveugles qui peuvent voir, les muets parler, les sourds entendre, les paralytiques marcher, les jambes courtes rallongées, les dos courbés redressés, et la paralysie infantile ou la méningite deviennent normales.

Au sujet des signes, Jésus nous dit dans Marc 16 :17-18 :

> *Voici les miracles qui accompagneront ceux qui auront cru ; en Mon nom ils chasseront les démons, ils parleront de nouvelles langues ; ils saisiront des serpents ; s'ils boivent quelque breuvage mortel, il ne leur fera point de mal ; ils imposeront, les mains aux malades et les malades seront guéris.*

Ici « ceux qui auront cru » se réfèrent aux gens qui ont la foi du Père. Les signes qui accompagnent « ceux qui auront cru » peuvent être classifiés en cinq catégories, et j'en parlerai en détails au chapitre suivant.

Deuxièmement, parmi les nombreuses œuvres de Dieu, « un prodige » est le changement du temps qui implique de bouger des nuages, laisser le ciel verser ou arrêter la pluie, bouger des corps célestes et ainsi de suite.

Selon la Bible, Dieu a envoyé le tonnerre et la pluie

lorsque Samuel a prié (1 Samuel 12 :18). Lorsque le prophète Esaïe a prié à Dieu, nous savons que *« l'Eternel fit reculer l'ombre de dix degrés » (2 Rois 20 :11)*. Elie aussi *« pria avec instance pour qu'il ne pleuve point et il ne tomba point de pluie sur la terre pendant trois ans et six mois. Puis, il pria de nouveau et le ciel donna de la pluie, et la terre produisit son fruit. » (Jacques 5 : 17-18)*.

De la même manière, le Dieu d'amour conduit des gens vers le chemin du salut en leur montrant des signes et des prodiges miraculeux tangibles au travers de gens à qui il donne Sa puissance. Pour cela, vous devez avoir une foi forte dans la Parole de Dieu écrite dans la Bible et essayer d'atteindre une foi qui est agréable à Dieu.

4. Etre fidèle dans toute la Maison de Dieu

Les gens au premier ou au second niveau de foi sont capables d'entrer de manière temporaire dans le cinquième niveau de la foi. C'est parce que, lorsqu'ils reçoivent premièrement le Saint Esprit, ils sont tellement remplis du Saint Esprit qu'ils n'ont même pas peur de la mort, mais ils sont pleins de reconnaissance, prient avec diligence, proclament l'évangile et assistent à tous les services de l'église. Ils reçoivent tout ce qu'ils demandent, parce qu'ils sont au quatrième ou cinquième niveau de foi, même si leur expérience est temporaire. Lorsqu'ils perdent leur plénitude du Saint Esprit, ils reviennent rapidement à leur propre niveau de foi.

Cependant, les gens qui sont au cinquième niveau de foi ne changent jamais. C'est parce qu'ils sont toujours pleinement remplis du Saint Esprit et qu'ils peuvent parfaitement contrôler et diriger leurs pensées et qu'ils ne vivent pas comme les personnes qui sont au premier ou au second niveau de foi. De plus, ils sont en fait agréables à Dieu en demeurant fidèles dans toute Sa maison.

Nombres 12 :3, nous dit de Moïse, « *Or Moïse était un homme fort patient, plus qu'aucun homme à la surface de la terre* », et le verset 7 remarque, « *Il n'en est pas ainsi de Mon serviteur Moïse. Il est fidèle dans toute Ma maison* ». Par ceci, nous savons que Moïse était au cinquième niveau de foi, où il pouvait être agréable à Dieu.

Que signifie « être fidèle dans toute la maison de Dieu » ? Pourquoi Dieu ne reconnaît-Il que ceux qui sont fidèles dans toute Sa maison comme Moïse, comme ceux qui ont une foi qui plait à Dieu ?

Signification de la fidélité dans toute la maison de Dieu

Celui qui est « fidèle dans toute la maison de Dieu » a la foi de Christ, ou la « complète foi spirituelle » ; il fait toutes choses avec l'attitude de Jésus Christ. Il fait tout avec le cœur du Christ et le cœur de l'esprit, sans se reposer sur ses propres pensées ou son intelligence.

Tandis qu'il a accompli la pensée de bonté, la pensée de Christ, il ne conteste pas et ne crie pas, et il ne brise pas un roseau cassé et il n'éteint pas le lumignon qui fume

(Matthieu 12 :19-20). Une telle personne a crucifié sa nature pécheresse en même temps que ses désirs et ses passions, afin qu'il soit fidèle dans toutes ses tâches.

Il n'a plus de « moi » qui reste en lui, mais uniquement le cœur de Christ – le cœur de l'esprit – parce qu'il a chassé toutes ses choses charnelles. Il n'a plus aucun égard pour les honneurs, la puissance ou la prospérité mondains.

Au contraire, son cœur est débordant de l'espérance des choses éternelles : comment peut-il être capable d'accomplir le royaume de Dieu et Sa justice pendant qu'il vit dans ce monde ; comment peut-il être une grande personne au ciel et être aimé de Dieu le Père ; et comment pourra-t-il vivre heureux éternellement en amassant des grands trésors dans le ciel. Il peut par conséquent être fidèle dans toutes ses tâches parce que seule la ferveur et la sincérité pour accomplir le royaume de Dieu et Sa justice coulent des profondeurs de son cœur.

Il y a des différences dans la mesure de dévotion parmi les gens qui accomplissent le royaume de Dieu et Sa justice. S'il accomplit uniquement la tâche qui lui est confiée, c'est simplement accomplir sa responsabilité personnelle.

Par exemple, si vous engagez quelqu'un, vous lui donnez un salaire et il accomplit le travail pour lequel il a été engagé et payé, nous ne dirons pas qu'il a été « fidèle dans toute la maison », même s'il a bien terminé son travail. En étant « fidèle dans toute la maison » la personne n'accomplit pas uniquement convenablement la tâche qui lui est confiée, mais il en fait plus sans économiser ses possessions matérielles et avec sincérité, au-delà du fait d'accomplir sa propre tâche qui lui a été donnée.

C'est pourquoi, vous ne pouvez être reconnu comme étant « fidèle dans toute la maison de Dieu », même si vous avez chassé tous vos péchés en les combattant au point de verser le sang dans le grand amour pour Dieu et accompli entièrement votre travail avec un cœur de sacrifice. Vous pouvez être reconnu comme étant « fidèle dans toute la maison de Dieu » uniquement lorsque vous êtes entièrement sanctifiés et que vous accomplissez plus que votre travail, bien au-delà de votre responsabilité, avec la foi de Christ qui est obéissante jusqu'à la mort.

Etant fidèle dans toute la maison de Dieu

Vous êtes au quatrième niveau de foi lorsque vous aimez Jésus Christ au plus haut degré et que vous possédez l'amour spirituel comme décrit dans 1 Corinthiens 13, et portez le fruit du Saint Esprit tel qu'il est identifié en Galates 5. De plus, vous êtes capables d'atteindre une foi qui est agréable à Dieu lorsque vous accomplissez les Béatitudes de Matthieu 5 et que vous êtes fidèles dans toute la maison de Dieu. Pourquoi ?

Il y a une différence entre l'amour en tant que fruit du Saint Esprit et l'amour défini dans 1 Corinthiens 13. L'amour dans 1 Corinthiens 13 est la définition de l'amour spirituel, tandis que l'amour en tant que fruit du Saint Esprit se réfère à l'amour infini qui accomplit la loi.

Pour cela, l'amour en tant que fruit du Saint Esprit

couvre une gamme plus grande que l'amour repris dans 1 Corinthiens 13 ; En d'autres termes, lorsque le sacrifice de Jésus Christ qui a accompli toute la loi avec amour à la croix est ajouté à l'amour de 1 Corinthiens 13, il peut être appelé « amour en tant que fruit du Saint Esprit ».

La joie vient d'en haut avec le bonheur et la paix spirituels, parce que les choses charnelles en vous disparaissent à mesure que l'amour spirituel vous rend mûrs. Devenir rempli de joie n'a de sens pour vous que si vous êtes remplis de bonnes choses, parce que vous ne voyez, n'entendez et ne pensez qu'à de bonnes choses.

Vous ne haïssez personne parce qu'il n'y a pas de haine en vous. Vous débordez de joie, parce que vous préférez servir les autres, leur donner de bonnes choses et faire des sacrifices pour eux. Malgré que vous vivez dans ce monde, vous ne recherchez pas des choses charnelles à la poursuite de votre propre intérêt ; au lieu de cela, vous êtes remplis d'espérance céleste, pensant comment vous pouvez étendre le royaume de Dieu et Sa justice, et Lui plaire en sauvant plus de gens. Vous pouvez vivre en paix avec vos voisins parce que vous jouissez du vrai bonheur et avoir la paix du cœur en prenant soin d'eux autant que la joie vient sur vous.

De plus, vous pouvez être patients avec une espérance céleste tant que vous êtes en paix avec les autres. Vous pouvez montrer de la gentillesse aux autres parce que vous pouvez avoir de la compassion pour eux tant que vous êtes patients. Vous atteignez la bonté parce que vous ne contestez pas et que vous ne criez pas et que vous ne brisez pas le roseau qui est cassé ni éteignez le lumignon qui fume, si vous avez de la gentillesse. Les gens qui ont la bonté peuvent être spirituellement fidèles, parce qu'ils ont déjà chassé l'égoïsme.

De plus, la mesure de fidélité est différente parmi ceux qui sont fidèles, selon le champ de chaque cœur individuel. Au plus de gentillesse vous avez, au plus grande sera la mesure de fidélité accomplie. Vous pouvez voir la mesure à laquelle quelqu'un est gentil, selon sa fidélité dans toute la maison de Dieu. Il accomplit toutes ses tâches fidèlement à la maison et au travail, dans ses relations avec les autres et à l'église. Donc Moïse, qui était l'homme le plus humble sur la surface de la terre a pu être fidèle à toutes les tâches qui lui ont été confiées.

De plus, comment pouvez-vous être parfaits sans la maîtrise de soi ? Vous devez être fidèles dans toute la maison de Dieu avec la maîtrise de soi, parce qu'il n'est pas possible d'être équilibré dans chaque domaine sans elle. Vous êtes donc incapables d'être fidèles dans toute la maison de Dieu sans le fruit de la maîtrise de soi, même si vous possédez les huit autres fruits du Saint Esprit.

Par exemple, disons que vous rencontrez un ami à un autre endroit après votre réunion de cellule de quartier. Ce pourrait être très difficile pour votre ami si vous changez ou retardez l'heure par téléphone, pas parce que la réunion du petit groupe a duré longtemps, mais parce que vous êtes resté après la réunion pour parler avec des membres du groupe. De la même manière, comment pourriez-vous être fidèle dans toute la maison de Dieu si vous ne pouvez pas tenir une petite promesse ou accomplir un engagement comme celui-ci, sans porter le fruit de la maîtrise de soi ? Vous devez réaliser que vous ne serez fidèles dans toute la maison de Dieu que lorsque votre vie sera en équilibre avec le fruit de la maîtrise de soi.

L'amour spirituel, le fruit de l'Esprit et les Béatitudes

Les béatitudes viennent sur vous dans la mesure où vous avez l'amour spirituel et le fruit du Saint Esprit et que vous les mettez en pratique. Les Béatitudes se réfèrent au caractère de quelqu'un en tant que canal et vous ne pouvez être fidèle dans toute la maison de Dieu que lorsque les Béatitudes viennent complètement sur vous en agissant totalement et en vivant ce que vous cultivez dans votre cœur.

Pendant une grande partie de l'histoire coréenne, les conseillers fidèles aux rois ont pris toutes les affaires gouvernementales comme s'il s'agissait d'affaires personnelles. De cette manière, ces conseillers ont été capables de servir les rois et de les aider à prendre les bonnes décisions, même si cela entraînait parfois de grandes souffrances personnelles ou même la mort. Non seulement ils aimaient leurs rois, mais ils aimaient tout le pays et ils s'aimaient eux-mêmes et ils se sont comporté en conséquence.

D'une part, ces conseillers loyaux ont servi leurs rois jusqu'au bout même au risque de leur propre vie. D'autre part, certains conseillers semblaient loyaux à leurs rois mais ont démissionné et ont vécu reclus lorsque le roi ne suivait pas leur conseil ou avis sincère et répété. Cependant, les véritables conseillers loyaux ne se sont pas comportés comme cela. Ils furent fidèles au roi jusqu'au bout même si le roi les ignorait ou rejetait leur avis. Leur roi pouvait les rejeter, rejeter leurs conseils, ou les déshonorer sans raison. Ils n'avaient cependant pas de ressentiment envers le roi et ne changeaient pas d'avis même s'ils devaient perdre leur vie.

Le caractère de quelqu'un en tant que canal et le caractère du cœur de quelqu'un

Afin de comprendre clairement ce que signifie « être fidèle dans toute la maison de Dieu », examinons tout d'abord le caractère de quelqu'un en tant que canal et le caractère de cœur de quelqu'un.

La mesure du caractère de quelqu'un en tant que canal est différente de personne à personne, dépendant de la manière dont il cultive son cœur en un bon cœur, ou la manière dont il change son cœur en un bon cœur. Pour cela, le caractère de quelqu'un en tant que canal est déterminé par le fait qu'il fasse ou non ce qui lui a été dit de faire et qu'il obéisse ou non.

Alors, qu'est ce qui fait une différence notable dans le caractère de quelqu'un en tant que canal ? Cela dépend de comment ou avec quel type de cœur il réagit à l'égard de la Parole de Dieu et de quelle manière il agit au départ de ce qu'il chérit dans son cœur. Donc, celui qui est un bon canal thésaurise la Parole de Dieu et y pense profondément dans son cœur comme Marie l'a fait « *Marie gardait toutes ces choses et les repassait dans son cœur* » (Luc 2 :19).

Le caractère du cœur de quelqu'un varie en fonction de la manière dont il élargit sa pensée en accomplissant sa tâche ou bien avec quelle compétence il utilise son intelligence pour accomplir sa tâche. Avec un exemple des différentes manières où les gens répondent à une même situation, je vais classifier les œuvres des gens résultantes de différents caractères de cœur en quatre catégories.

La première personne agit au-delà de ce qui lui est demandé. Par exemple, lorsque des parents disent à leur enfant de ramasser une crasse sur le sol, il ne se contente pas de nettoyer le sol, mais il brosse aussi la poussière, nettoie chaque recoin de la pièce et vide la poubelle. Cet enfant donne de la joie et de la satisfaction à ses parents parce qu'il fait des choses au-delà de l'attente de ses parents. Dans quelle mesure sera-t-il aimé par ses parents ? Les diacres Etienne et Philippe étaient de telles personnes. Ils étaient des hommes à la pensée large, de telle sorte qu'ils ont pu accomplir de grands prodiges et des signes miraculeux parmi le peuple, comme les apôtres l'ont fait. (Actes 6).

La seconde personne ne fait que ce qui lui a été ordonné de faire. Par exemple, si un enfant se contente de ramasser la crasse sur le sol selon l'ordre reçu de ses parents, il peut être adorable pour ses parents puisqu'il obéit, mais il peut ne pas leur être agréable.

La troisième personne ne fait pas ce qu'elle doit faire. Elle est tellement froide et apathique qu'elle est ennuyée rien que par le fait qu'on lui ait donné une certaine tâche. De telles personnes qui proclament aimer Dieu qui ne prient même pas ni ne prennent soin des brebis de Jésus, appartiennent à ce groupe. Dans une des paraboles de Jésus, un sacrificateur et un Lévite qui passent à côté d'un homme dévalisé de l'autre côté de la route, appartiennent aussi à cette catégorie (Luc 10). Parce de telles personnes n'ont pas d'amour elles peuvent faire ce que Dieu hait le plus, comme être arrogant, commettre l'adultère et Le trahir.

La dernière personne rend les choses pires et en fait empêche la tâche d'être accomplie. Il aurait mieux valu pour elle de ne pas avoir commencé le travail dès le début. S'il y a un enfant qui brise un pot de fleurs alors qu'il est fâché contre ses parents parce qu'ils lui ont dit de ramasser la crasse, il appartient à cette catégorie.

Un cœur généreux et la fidélité dans toute la maison de Dieu

Comme j'ai expliqué les quatre catégories de caractère de quelqu'un, une personne peut être reconnue pour avoir un grand canal lorsqu'il accomplit sa tâche au-delà de ce qui est attendu de lui. C'est parce que l'ampleur de quelqu'un en tant que canal dépend de la manière dont il ouvre son intelligence avec espérance et jusqu'où il essaie sincèrement de l'obtenir. C'est la même chose lorsqu'il fait quelque chose à l'église, à son travail ou à la maison.

Pour cela, lorsqu'une certaine tâche est confiée à quelqu'un, s'il obéit avec « Amen », il peut être considéré comme un grand canal. Cette personne peut être reconnue comme ayant un cœur généreux non seulement lorsqu'elle obéit à ce qui lui est ordonné, mais aussi lorsqu'elle l'accomplit au-delà des attentes avec sincérité et un pensée ouverte. Dans ce sens, être fidèle dans toute la maison de Dieu est en relation avec la mesure de générosité. La sincérité varie avec la mesure de générosité.

Examinons certaines personnes qui ont été fidèles dans toute la maison de Dieu. Dans Nombres 12 :7-8 vous réalisez combien Dieu a aimé Moïse qui a été fidèle dans toute Sa maison. Ces versets nous montrent combien il est important d'être fidèle dans toute la maison de Dieu :

> *Il n'en est pas ainsi de Mon serviteur Moïse. Il est fidèle dans toute Ma maison. Je lui parle bouche à bouche, je me révèle à lui sans énigmes, et il voit une représentation de l'Eternel. Pourquoi donc, n'avez-vous pas craint de parler contre Mon serviteur, contre Moïse ?*

Moïse n'avait pas seulement un amour constant et un cœur qui ne change pas pour Dieu, mais il avait aussi la même attitude pour son peuple et sa famille, et il a accompli ses tâches sans jamais changer sa pensée. Il a toujours été capable de choisir les choses éternelles de Dieu d'abord, plutôt que sa gloire ou sa prospérité et il Lui a plu avec foi. Il était tellement loyal qu'il a même demandé à Dieu de sauver Son peuple au risque de perdre sa vie lorsque les israélites eurent péché.

Comment Moïse a-t-il réagi lorsque le peuple a fait la statue d'un veau d'or et qu'il l'a adorée, lors de son retour avec les tablettes des Dix Commandements données par Dieu après qu'il ait jeûné pendant quarante jours ? Beaucoup de gens dans une telle situation pourraient avoir dit « Je ne puis plus les supporter, Dieu ! Fais comme Tu le veux ! »

Moïse, cependant a sérieusement demandé à Dieu de pardonner leurs péchés. Il était prêt et disposé à sacrifier sa vie, en tant que bouc émissaire, du plus profond de son cœur avec un amour abondant pour eux.

C'est la même chose pour Abraham, le précurseur de la foi. Lorsque Dieu avait planifié de détruire les villes de Sodome et Gomorrhe, Abraham n'a pas pensé que cela ne le concernait pas. Au contraire, Abraham a supplié Dieu de sauver les habitants de Sodome et Gomorrhe : *« Peut être y a-t-il cinquante justes au milieu de la ville, les feras-Tu périr aussi, et ne pardonneras-tu pas à la ville à cause des cinquante justes qui sont au milieu d'elle ? »* (Genèse 18 :24)

Ensuite, il demanda à Dieu, à cause de Sa miséricorde de ne pas détruire ces villes s'il s'y trouvait quarante cinq justes, et ensuite, il continua à demander à Dieu ce qu'il ferait si le nombre de personnes justes était de quarante, trente, vingt ou dix. Finalement, Abraham reçut la dernière réponse de Dieu : « *Je ne la détruirai pas à cause de ces dix justes* » *(Genèse 18 :22-32).* Les deux villes furent néanmoins détruites parce qu'il n'y avait même pas dix justes dans ces villes.

A côté de cela, Abraham a laissé son droit de choisir à son neveu Lot afin qu'il choisisse une bonne terre lorsque la terre où ils vivaient ne pouvait plus les supporter, parce que leurs biens respectifs devenaient trop importants. Lot choisit pour lui-même toute la plaine qui lui semblait bonne et il partit.

Un moment plus tard, Sodome et Gomorrhe furent vaincues dans une guerre et de nombreuses personnes furent emmenées captives, y compris Lot, le neveu d'Abraham. Alors, au péril de sa propre vie, Abraham poursuivit l'ennemi avec 318 serviteurs, libéra Lot et les autres captifs et reprit leurs biens.

Au même moment, le roi de Sodome salua Abraham et lui dit, « *Donne-moi les personnes et prends pour toi les richesses,* » mais Abraham ne prit rien de ce butin, disant, « *Je ne prendrai rien de tout ce qui est à toi, pas même un fil, ni un cordon de soulier.* » Il remit en fait toutes choses au roi de Sodome (Genèse 14 :1-24).

De même, Abraham avait une attitude ferme lorsqu'il rencontrait ou s'associait avec quelqu'un, ne faisant tort et ne dérangeant personne. Non seulement il réconfortait les gens et leur donnait du plaisir et de l'espérance, mais aussi, il les aimait et les servait sincèrement.

Comment être fidèle dans toute la maison de Dieu ?

Moïse et Abraham étaient des hommes d'une grande générosité, et ils furent sincères, parfaits et vrais, sans rien négliger. Que feriez-vous pour être fidèle dans toute la maison de Dieu ?

D'abord, vous devez tout tester et vous accrocher à la bonté sans éteindre le feu de l'Esprit ni traiter les prophéties avec mépris. En d'autres termes, vous devez voir, entendre et penser à la bonté, parler la vérité et n'aller que dans des endroits bons.

Deuxièmement, vous devez vous renier et vous sacrifier avec un amour spirituel pour le royaume de Dieu et Sa justice. Afin de faire cela, vous devez crucifier la nature pécheresse avec ses passions et ses désirs. Vous serez capables de déterminer quelle devrait être la priorité dans votre vie, et de faire ce qui plait à Dieu, lorsque vous désirez des choses spirituelles et que vous n'êtes pas liés par ce monde.

Vous devez fermement combattre pour posséder une foi pour aimer Dieu au plus haut degré si vous vous tenez déjà sur le rocher de la foi. Si vous possédez la foi pour aimer Dieu au plus haut degré, alors vous devez entrer rapidement dans une dimension dans laquelle vous pouvez plaire à Dieu en étant fidèle dans toute Sa maison.

Posséder la foi pour plaire à Dieu est comparable à être diplômé de l'institut supérieur ou de l'université. Après le diplôme, vous entrez dans le monde et devenez capables de pratiquer ce que vous avez appris à l'école, afin d'avoir du succès dans le monde.

De même, lorsque vous atteignez le quatrième niveau de la foi, un monde spirituel plus profond se dévoilera devant vous, parce que la dimension spirituelle est infiniment grande dans sa profondeur, longueur et largeur.

Lorsque vous entrez dans le cinquième niveau de foi, vous commencez à comprendre dans une certaine mesure, le profond et généreux cœur de Dieu. Vous serez capables de comprendre combien d'amour Dieu possède et combien Dieu est plein d'amour, de miséricorde, de pardon, de gentillesse et de bonté. Vous serez également capables d'expérimenter Son grand amour parce que vous sentez que le Seigneur marche avec vous et que vous éclatez en larmes à la pensée du Seigneur.

Pour cela, vous devez devenir un homme de grande générosité avec beaucoup plus d'obéissance, de dévotion et d'amour sachant qu'il y a une grande différence entre les quatrième et cinquième niveaux de foi en terme d'amour spirituel et de sacrifice. J'espère aussi que vous recevrez tout de Dieu avec le type de foi qui peut Lui plaire, et que vous serez suffisamment bénis pour démontrer et pratiquer des miracles et des signes par une prière incessante.

Puissiez-vous jouir de toutes ces bénédictions que Dieu a préparées pour vous, au nom de Jésus Christ, je prie !

9

Les Signes qui Accompagnent Ceux qui Croient

1. Chasser les Démons au Nom de Jésus Christ
2. Parler de Nouvelles Langues
3. Prendre des Serpents avec vos Mains
4. Aucun poison ne Vous fait de Mal
5. Les Malades sont Guéris par l'Imposition de vos Mains

Voici les miracles qui accompagneront ceux qui auront cru : en Mon nom, ils chasseront les démons ; ils parleront de nouvelles langues ; ils saisiront les serpents ; s'ils boivent quelque breuvage mortel, il ne leur fera point de mal ; ils imposeront les mains aux malades, et les malades seront guéris

(Marc 16 :17-18)

Nous voyons Jésus accomplir de nombreux signes dans la Bible. Les signes sont accomplis par la puissance de Dieu au-delà de la limite de la capacité humaine. Quel est le premier signe accompli par Jésus ?

C'est l'évènement où Il changea l'eau en vin lors d'un banquet de noces à Cana en Galilée, comme cela est décrit dans Jean 2 :1-11. Lorsque Jésus apprit que le vin était terminé, il demanda aux serviteurs de remplir six vases d'eau au puits. Ensuite ils en puisèrent un peu et le portèrent à l'ordonnateur du banquet, et ensuite l'ordonnateur du banquet qui avait goûté le vin qui provenait de l'eau, a loué ce vin pour son bon goût.

Pourquoi Jésus, le Fils de Dieu A-t-il changé l'eau en vin comme premier signe qu'Il a accompli ? Cet évènement a une série de connotations spirituelles. Cana en Galilée représente le monde et le banquet de noces représente la dernière fois dans ce monde où les gens mangent jusqu'à plus faim et se saoulent et sont pleins de méchanceté (Matthieu 24 :37-38). L'eau représente la Parole de Dieu et le vin le précieux sang de Jésus Christ.

C'est pourquoi, le signe de changer l'eau en vin indique que le sang de Jésus à Sa crucifixion sera le sang qui donne la vie éternelle à l'humanité. Les gens ont loué le vin pour son bon goût. Cela signifie que les gens ont de la joie parce que leurs péchés sont pardonnés en buvant le sang de Jésus et ils acquièrent de l'espérance pour le ciel.

En commençant par ce premier signe, Jésus a montré beaucoup de signes miraculeux. Il a sauvé un enfant mourant ; a accompli le miracle de nourrir les cinq mille avec cinq pains et deux poissons ; a chassé des démons ; a ouvert les yeux des aveugles, et a ramené à la vie, Lazare qui était mort depuis quatre jours.

Mais quel était donc le but final de Jésus en accomplissant tous ces signes ? C'était de sauver les gens et leur permettre d'avoir la foi comme Il nous l'a dit dans Jean 4 :48, « *Si vous ne voyez des miracles et des prodiges, vous ne croyez point.* » C'est pourquoi, même aujourd'hui, Dieu qui considère une seule âme plus précieuse que tout l'univers, nous montre de nombreux signes au travers de ceux qui par la foi sont capables de déposer leur vie pour sauver les gens.

Voyons maintenant en détails différents signes qui accompagnent ceux qui ont une foi qui plait à Dieu.

1. Chasser les Démons au Nom de Jésus Christ

La Bible nous parle clairement de l'existence de démons, bien que de nos jours de nombreuses personnes déclarent « le Démon n'est nulle part ». Un démon est une espèce d'esprit impur qui est contre Dieu. Généralement, il trompe les gens qui servent les idoles en leur apportant des épreuves et des difficultés et s'assurent que de telles personnes les servent avec plus de zèle.

Cependant, vous devez les chasser et les dominer si vous avez la foi véritable, parce que Jésus nous dit, « *Ces signes accompagnent ceux qui m'auront cru : en Mon nom, ils chasseront les démons.* »

Nous trouvons également dans Jean 1 :12, *« Mais à tous ceux qui l'ont reçue, à ceux qui croient en Son nom, elle a donné le pouvoir de devenir enfants de Dieu. »* Combien ce serait honteux si vous enfant de Dieu, aviez peur du démon ou à défaut succombiez à ses ruses ?

Parfois des nouveaux croyants sans foi spirituelle sont perturbés par des démons lorsqu'ils montent vers une montagne de prière pour prier en retraite. Certaines personnes peuvent même être possédées par des démons parce qu'ils demandent les dons et la puissance de Dieu alors qu'ils ne veulent pas se débarrasser de leur mal.

C'est pourquoi, les nouveaux croyants doivent être encadrés par des dirigeants spirituels qui sont capables de chasser les démons au nom de Jésus Christ, lorsqu'ils veulent monter à la montagne de prière, et ils seront alors capables de prier sans aucun obstacle.

Chassant les démons au nom de Jésus Christ

C'est la même chose pour les ministres et les travailleurs dans l'église lorsqu'ils visitent des membres de l'église. Ils doivent d'abord chasser les démons en discernant les choses spirituelles, et alors, ceux qui reçoivent une visite seront capables d'ouvrir leur cœur, et de recevoir la grâce de Dieu et d'obtenir la foi par leur message. La visite peut cependant être interrompue, si vous visitez un membre de l'église sans chasser auparavant l'ennemi Satan. Le membre que vous visitez pourrait ne pas ouvrir son cœur afin qu'il soit incapable de recevoir la grâce et d'avoir la foi. Celui qui a les yeux spirituels ouverts distingue facilement les esprits impurs qui font obstacle. Certains sont complètement possédés par des démons, mais dans la plupart des cas, les gens sont partiellement contrôlés par des démons dans leurs pensées.

Ils agissent contre la vérité lorsque Satan travaille dans leurs pensées parce qu'ils ont encore la foi faible ou des restes de la nature pécheresse, tels que l'adultère, le vol, la colère, la jalousie et l'envie, en eux. Le cœur des gens peut changer lorsqu'ils entendent le message prêché par un ministre qui a suffisamment de puissance pour chasser des démons au nom de Jésus Christ.

Les gens se convertiraient avec des larmes, parce qu'ils sont profondément touchés dans leurs cœurs ou qu'ils réalisent leurs péchés pendant que le ministre prêche le message avec la puissance que Dieu lui a donnée. Ils recevraient aussi une foi forte et la force pour combattre les péchés. Après quelques mois, ils pourraient constater dans quelle mesure ils ont changé dans leur caractère et leur foi. De cette manière, il est possible pour eux de changer même leur nature dans la vérité.

Dans les quatre Evangiles, vous constatez que beaucoup de gens sont transformés dans leur nature innée après qu'ils aient rencontré Jésus. Par exemple, malgré que l'apôtre Jean était au début extrêmement irritable, au point d'être surnommé un fils du tonnerre (Marc 3 :17, il fut transformé pour être appelé « apôtre de l'amour » depuis qu'il a rencontré Jésus.

De même, un homme qui a une foi complète est capable

de changer d'autres personnes de la manière dont Jésus le fit. Il est aussi capable de chasser les démons au nom de Jésus Christ parce qu'il a la puissance pour dominer sur l'ennemi Satan.

Comment chasser des démons

Il y a plusieurs manières de chasser des démons. Parfois le démon part sur le champ par la prière, et d'autres fois, il ne partira pas même si vous priez cent fois. Si quelqu'un qui a la foi devient possédé par un démon, parce que Dieu a détourné Sa face de lui après qu'il L'ait déçu d'une manière ou d'une autre, le démon en lui peut être facilement chassé lorsqu'il reçoit la prière après s'être repenti dans les larmes. Ceci est parce qu'il possède déjà la foi et connaît la Parole de Dieu.

Dans quel cas est-il difficile de chasser des démons même avec beaucoup de prières ? C'est lorsqu'un démon très méchant possède quelqu'un qui n'a pas de foi et qui ne connaît pas la vérité. Dans un pareil cas, il n'est pas facile pour lui d'avoir la foi pendant qu'il est possédé par le démon parce que le mal est trop profondément enraciné en lui. Afin de le délivrer, quelqu'un doit l'aider à acquérir de la foi, à comprendre la vérité et à détruire le mur du péché.

Egalement, lorsqu'il y a des problèmes avec la vie en Christ des parents, leur enfant bien aimé pourrait devenir possédé par les démons. Dans un tel cas, l'enfant ne peut pas être délivré de ce démon, à moins que ses parents ne se repentent de leurs péchés, reçoivent le salut et se posent fermement sur le rocher de la foi.

Il y a aussi un cas de personne affectée par les puissances des ténèbres. Vous pouvez voir quelqu'un qui mène une vie agonisante dans la foi parce qu'il a des problèmes pour ouvrir son cœur, et des pensées mondaines, des doutes et la fatigue l'empêchent d'entendre le message même s'il essaie sérieusement.

Un tel cas peut exister parce que les forces des ténèbres peuvent travailler dans sa famille parce que ses ancêtres ont servi loyalement des idoles, ou que ses parents sont sorciers ou adorateurs d'idoles. Le démon le quittera cependant et lui et sa famille seront sauvés lorsqu'il est transformé en un enfant de lumière en écoutant avec attention la Parole de Dieu et en priant avec instance.

Dieu hait cependant tellement l'idolâtrie qu'il y a un épais mur de péché entre Dieu et l'idolâtre. La conséquence est qu'il doit continuer à combattre avec lui-même pour vivre dans la vérité jusqu'à ce qu'il puisse abattre ce mur de péché. Il peut être rapidement délivré en fonction de l'instance de ses prières et du changement dans sa vie.

Exceptions dans lesquelles les démons ne quittent pas

Dans quels cas les démons ne partent pas même s'ils sont chassés au nom de Jésus Christ ?

Les démons ne partent pas si la personne a cru un jour au Seigneur Jésus Christ, mais que sa conscience a été comme scellée par un fer chaud après qu'il se soit détourné du Seigneur. Il ne peut pas retourner vers le Seigneur même s'il essaie, parce que sa bonne conscience a été totalement remplacée par le mensonge.

C'est pourquoi nous trouvons dans 1 Jean 5 :16, *« Il y a un péché qui conduit à la mort, ce n'est pas pour ce péché là que je vous dis de prier. »* En d'autres termes, Dieu ne lui répond pas, même s'il prie.

Qu'est ce qu'un péché qui conduit à la mort ? C'est blasphémer ou parler contre le Saint Esprit. Celui qui commet ce péché ne peut pas être pardonné, ni dans ce siècle, ni dans le siècle à venir. C'est pourquoi un tel homme ne peut jamais être sauvé, même s'il prie sans cesse.

Dans Matthieu 12 :31, Jésus nous dit que le blasphème contre l'Esprit ne sera pas pardonné. Blasphémer contre l'Esprit signifie perturber l'œuvre du Saint Esprit avec un esprit de méchanceté, le jugeant et le condamnant de sa propre volonté. Par exemple, c'est blasphémer lorsque des gens jugent comme « hérétique », une église dans laquelle les œuvres de Dieu se produisent, en fabriquant de fausses preuves et en répandant des rumeurs à propos de l'église (Marc 3 :20-30).

Jésus dit aussi dans Matthieu 12 :32, *« Quiconque parlera contre le Fils de l'homme, il lui sera pardonné ; mais quiconque parlera contre le Saint Esprit, il ne lui sera pardonné ni dans ce siècle, ni dans le siècle à venir. »* A nouveau, dans Luc 12 :10 Jésus nous rappelle, *« Et quiconque parlera contre le Fils de l'homme, il lui sera pardonné, mais à celui qui blasphémera contre le Saint*

Esprit, il ne sera point pardonné. »

Quiconque prononce une parole contre le Fils de l'homme, parce qu'il le fait sans le connaître, peut être pardonné de ses péchés. Cependant, celui qui blasphème et prononce une parole contre le Saint Esprit, ne peut pas être pardonné, et il ira vers le chemin de la mort, parce qu'il dérange l'œuvre de Dieu et blasphème contre l'Esprit, même s'il a déjà accepté Jésus Christ et qu'il a reçu le Saint Esprit. C'est pourquoi vous ne devez pas commettre de péché de blasphème contre l'Esprit ni prononcer des paroles contre le Saint Esprit, comprenant que de tels péchés sont trop graves que pour garantir le pardon, et encore moins le salut.

Hébreux 10 :26 nous dit que si un homme continue à pécher délibérément même après qu'il ait reçu la connaissance de la vérité, il n'y a plus de sacrifice pour le péché. Il sait très bien ce qu'est le péché au travers de la Parole de Dieu et il ne doit plus non plus commettre des choses mauvaises.

Cependant, s'il commet volontairement le péché, sachant ce qu'il fait, sa conscience devient graduellement insensible aux péchés et scellée comme avec un fer chaud. Finalement, il sera abandonné, parce qu'il ne peut plus recevoir l'esprit de repentance.

De plus, pour ceux qui ont une fois été illuminés, qui ont goûté au don céleste, qui ont eu part au Saint Esprit et qui ont goûté la bonne Parole de Dieu et les puissances du siècle à venir, l'esprit de repentance ne sera plus donné après qu'ils « soient tombés » parce que ce serait crucifier à nouveau le Fils de Dieu et l'exposer à l'ignominie (Hébreux 6 :4-6).

A de telles personnes, qui ont reçu le Saint Esprit, ont la connaissance du ciel et de l'enfer, et connaissent la Parole de Dieu, et sont malgré tout encore tentées par le monde, tombent et disgracient la gloire de Dieu, et aucune opportunité de repentance ne leur sera donnée.

A l'exception des quelques cas mentionnée plus haut, desquels Dieu ne peut s'empêcher de détourner Sa face, vous pouvez dominer sur l'ennemi Satan et le diable. C'est pourquoi les démons ne peuvent qu'être chassés lorsque vous les commandez au nom de Jésus Christ.

Priez sans cesse en vivant entièrement dans la vérité

Combien découragés seront les serviteurs et ouvriers de Dieu si les démons ne partent pas même s'ils sont commandés au nom de Jésus Christ ? Vous devez donc naturellement recevoir la puissance pour dominer sur l'ennemi Satan et le diable et le contrôler. Afin d'accomplir les signes qui accompagnent ceux qui croient, vous devez atteindre un état où vous plaisez à Dieu, non seulement en demeurant totalement dans la vérité avec amour pour Dieu du plus profond de votre cœur, mais aussi en priant de manière fervente et avec instance.

Peu de temps après que j'aie fondé mon église, un jeune homme possédé par l'épilepsie est venu de la province de Gang-won, pour me rencontrer après avoir entendu parler de mon ministère de guérison. Malgré le fait qu'il ait cru servir Dieu très bien en tant qu'enseignant à l'Ecole de dimanche et membre de la chorale, il n'a pas essayé de se séparer de ses péchés mais au contraire, il a continué à commettre des péchés parce qu'il était très arrogant. Par conséquent, un démon est entré dans sa pensée et l'homme en souffrait sévèrement.

Le travail de guérison a été manifesté à cause des prières ferventes de son père et de son dévouement pour son fils. Lorsque j'ai pu discerner l'identité du démon et que je l'aie chassé par la prière, il est tombé inconscient en arrière tandis qu'une bave malodorante couvrait sa bouche. Le jeune homme est retourné à la maison après qu'il se soit armé de la Parole de Dieu dans mon église et il devint une nouvelle personne en Christ. Par après, j'ai appris qu'il avait servi fidèlement le Seigneur dans son église et qu'il avait donné le témoignage de sa guérison.

De plus, de nos jours, de nombreuses personnes sont délivrées de démons ou de la puissance des ténèbres au-delà du temps et de l'espace au moyen de la prière avec des mouchoirs sur lesquels j'ai prié.

A une occasion, un jeune homme de Ul-san, Province de Kyungnam a été battu sévèrement par un garçon d'une classe supérieure et ses amis pendant sa première année d'école secondaire, parce qu'il avait refusé de fumer avec eux. En conséquence, le jeune homme qui souffrait sévèrement d'angoisse, devint possédé par un démon, et hospitalisé dans une institution psychiatrique pendant sept mois. Il fut cependant délivré de ce démon après avoir reçu la prière avec un mouchoir sur lequel j'ai prié. Il a récupéré sa santé et est maintenant un précieux travailleur dans son église.

De telles œuvres ont aussi eu lieu à l'étranger. Par exemple, au Pakistan, un membre ordinaire a souffert d'un esprit impur pendant quatre années, mais il en a été délivré au travers de la prière avec un mouchoir, et il a reçu le Saint Esprit et le don du parler en langues.

2. Parler de Nouvelles Langues

Le second signe qui accompagne ceux qui croient est le parler en des langues nouvelles. En quoi consiste exactement le parler en de nouvelles langues ?

1 Corinthiens 14 :15 dit, « *Je prierai par l'Esprit, mais je prierai aussi avec l'intelligence ; je chanterai par l'esprit, mais je chanterai aussi par l'intelligence.* » Vous êtes capables de voir que l'esprit est différent de l'intelligence. Quelle différence alors y a-t-il entre esprit et intelligence ?

Il y a deux sortes de pensées dans le cœur de quelqu'un ; la pensée de vérité et la pensée de contrevérité. La pensée de vérité est esprit, une pensée blanche. La pensée de contrevérité est chair, une pensée noire. Après que vous acceptez Jésus Christ, votre cœur est rempli de l'esprit dans la mesure où vous priez et chassez vos péchés en vivant selon la Parole de Dieu, parce que la contrevérité est déracinée à l'avenant.

Finalement, votre cœur se remplit petit à petit d'esprit, sans qu'aucune contrevérité ne subsiste, lorsque vous atteignez le quatrième niveau de foi pour aimer Dieu au plus haut degré. De plus, si vous avez une foi qui plait à Dieu, votre cœur est entièrement rempli d'esprit et c'est appelé « parfaite sanctification ». A ce moment, votre pensée est esprit et votre esprit est votre pensée.

Pour parler de nouvelles langues

Quand un tel esprit en vous prie à Dieu sous l'inspiration du Saint Esprit, ceci est appelé « parler en langues ». La prière en langues est une conversation entre Dieu et vous, et elle a donc un grand bénéfice pour votre vie en Christ parce que l'ennemi Satan est incapable de la déchiffrer.

Le don de parler en langues est généralement donné à un enfant de Dieu lorsqu'il ou elle prie sérieusement dans la plénitude du Saint Esprit. Dieu veut donner le don à chacun de Ses enfants.

Lorsque vous priez avec ferveur en langues, vous devez être capables de chanter inconsciemment une chanson en langues, danser ou même avoir des mouvements rythmiques sous l'inspiration du Saint Esprit. Même quelqu'un qui n'est d'ordinaire pas bon chanteur, peut très bien chanter et même quelqu'un qui n'est pas normalement bon en danse, danse même mieux que des danseurs professionnels parce que le Saint Esprit contrôle entièrement cette personne.

De plus, une personne peut avoir une nouvelle

expérience spirituelle en parlant en différentes langues lorsqu'il progresse dans un niveau plus profond. Ceci est appelé « parler en de nouvelles langues ». Vous devez être capables de parler dans des langues nouvelles immédiatement lorsque vous priez en langues au cinquième niveau de foi.

Suffisamment puissant pour chasser l'ennemi Satan

Parler en de nouvelles langues est si puissant que l'ennemi Satan en a peur et s'en va. Imaginez que vous rencontrez un voleur qui vous menace d'un couteau. A ce moment, Dieu est capable de le faire changer d'avis ou de laisser un ange raidir son bras si vous priez dans de nouvelles langues.

Aussi, si vous vous sentez mal à l'aise ou que vous sentez que vous devez prier alors que vous êtes en route vers un endroit quelconque, c'est parce que Dieu est en train de contraindre votre pensée par le Saint Esprit. Il sait déjà qu'un accident se trouve devant vous.

De la même manière, lorsque vous priez par obéissance à l'œuvre du Saint Esprit, vous serez capables de prévenir un désastre inattendu ou un accident, parce que l'ennemi le diable vous quitte et que Dieu vous guide pour l'éviter.

Pour cela, en priant dans de nouvelles langues, vous êtes protégés et pouvez éviter des épreuves et des difficultés à la maison, au travail ou dans les affaires ou partout ailleurs, sans interférence de l'ennemi Satan et du diable.

3. Prendre des Serpents avec vos Mains

Le troisième signe qui accompagne ceux qui croient est de prendre des serpents avec leurs mains. A quoi donc, se réfère un « serpent » ?

Regardons à Genèse 3 :14-15 :

> *L'Eternel Dieu dit au serpent : puisque tu as fait cela, tu seras maudit entre tout le bétail et entre tous les animaux des champs, tu marcheras sur ton ventre et tu mangera de la poussière tous les jours de ta vie. Je mettrai l'inimitié entre toi et la femme, entre ta postérité et celle de la femme : celle-ci t'écrasera la tête, et tu lui blesseras le talon.*

C'est une scène dans laquelle le serpent est maudit pour avoir tenté Eve. Ici « la femme » signifie spirituellement Israël, et « sa postérité » Jésus Christ. De plus, la postérité de la femme « écrasant la tête du serpent » signifie que Jésus Christ va briser l'autorité de la mort de l'ennemi Satan et le diable. Dire que « le serpent lui mordra le talon » prédit que l'ennemi Satan et le diable vont crucifier Jésus.

Il est aussi évident, que le « serpent » se réfère à l'ennemi Satan et le diable parce que Apocalypse 12 :9 dit, *« Et il fut précipité le grand dragon, le serpent ancien, appelé le diable et Satan, celui qui séduit toute la terre, il fur précipité sur la terre et ses anges furent précipités avec lui. »*

En conséquence, « ramasser des serpents » signifie que vous aller arriver à séparer une fraction de l'ennemi Satan et la détruire dans le Nom de Jésus Christ.

Détruire une synagogue de Satan

Nous trouvons les versets suivants dans le livre de l'Apocalypse :

> *Je connais les calomnies de ceux qui se disent juifs et qui ne le sont pas, mais qui sont une synagogue de Satan (2 :9).*

> *Voila, je te donne quelques uns de la synagogue de Satan, qui se disent juifs mais ne le sont pas, mais qui mentent, voila Je les ferai venir se prosterner à tes pieds et reconnaître que Je t'ai aimé (3 :9).*

Ici « juifs » en tant qu'élus spirituels de Dieu se réfère à tous ceux qui croient en Dieu. ceux « qui se disent juifs » se réfère au peuple qui dérange l'œuvre de Dieu, la jugeant, la calomniant parce que l'œuvre de Dieu n'est pas en accord avec leurs pensées, haïssant et murmurant entre eux selon leur envie et leur jalousie.

« Une synagogue de Satan » implique deux ou plusieurs personnes qui se réunissent et qui parlent du mal mensongèrement des autres et qui créent des troubles dans l'église. Quelques personnes qui murmurent contaminent de nombreuses personnes et une synagogue de Satan finit par être établie.

Bien sûr, il faut accepter des propositions et des suggestions constructives pour le développement de l'église. Il s'agit cependant d'une synagogue de Satan, si certains membres de l'église combattent le serviteur de Dieu, divisent l'église avec un motif plausible et forment un groupe contre la vérité.

Malgré que les églises devraient être remplies d'amour et de sainteté, et être unies dans la vérité, il y a beaucoup d'églises dans lesquelles l'amour et la prière tiédissent, le réveil s'arrête automatiquement et par conséquent, le royaume de Dieu n'est pas fermement établi à cause de la synagogue de Satan.

La synagogue de Satan ne peut cependant pas exercer sa puissance lorsque vous pouvez la discerner avec une foi qui plait à Dieu au cinquième niveau.

Il n'y a jamais eu de synagogue de Satan dans mon église depuis qu'elle a été fondée. Dans les premiers temps de mon ministère, bien sûr, cela aurait pu arriver au travers de certaines personnes dont les pensées étaient contrôlées par Satan, parce que les membres de l'église n'étaient pas encore armés de la vérité.

A chaque moment cependant, Dieu me le fait savoir et le détruit par le message. De cette manière, chaque tentative de former une synagogue de Satan a été vaincue. De nos jours, les membres de mon église sont tout à fait capables de discerner la vérité du mensonge. Ceux qui sont entrés dans mon église en secret pour former une synagogue de

Satan quittent ou se repentent parce que dans certains d'entre eux il y a encore un bon cœur. De même, une synagogue de Satan ne peut pas être formée si personne n'agit en accord.

4. Aucun poison ne Vous fait de Mal

Le quatrième signe qui accompagne ceux qui croient est celui où ils boivent un poison mortel, il ne leur fera aucun mal. Qu'est ce que cela signifie spécifiquement ?

Dans Actes 28 :1-6 il y a un incident dans lequel l'apôtre Paul est mordu par une vipère sur l'île de Malte. Les insulaires s'attendaient à le voir gonfler et tomber mort (V6), mais il ne subit aucun effet. Après avoir attendu un temps assez long, et voyant que rien d'anormal n'arrivait à Paul, les insulaires ont changé leur pensée et ont dit qu'il était un dieu (V6). C'était parce que Paul avait une foi parfaite et que même le poison d'une vipère ne pouvait pas lui faire de mal.

Même si une vipère vous mord

Des gens qui ont une foi parfaite, ne deviendront pas malades et ne seront infectés par aucun germe, virus, ou poison, même s'ils en avaient consommé par accident, parce que Dieu brûle le poison par le feu du Saint Esprit.

Cependant, s'ils le boivent intentionnellement, ils ne peuvent pas être protégés, parce que cela veut dire qu'ils testent Dieu. Il n'accepte pas que quelqu'un le teste, excepté pour la dîme. Vous pouvez cependant consommer du poison par une nourriture empoisonnée qui était délibérément préparée pour vous faire du mal.

De plus, un homme peut donner à une femme une boisson avec un soporifique dans le but de la tenter, ou chloroformer quelqu'un dans le but de le kidnapper ou de le voler. Même dans de telles occasions, quelqu'un qui a une foi parfaite serait protégé et n'aurait aucun mal, parce que ces poisons seraient neutralisés par le feu du Saint Esprit.

Le feu du Saint Esprit brûle tout poison

Vers la fin de la troisième année de mon séminaire de théologie, j'ai ressenti une douleur aiguë dans l'estomac après avoir bu une boisson tandis que je me préparais pour ma première réunion de réveil. Je me suis senti soulagé lorsque j'ai prié en mettant les mains sur mon estomac, et j'ai vidé mes intestins par la diarrhée. Je n'ai su que le jour suivant que ce verre contenait de la matière empoisonnée.

Un jour, je restais pour prier à Jochiwon, province de Choongchung. Il y avait une université près de l'endroit où je résidais et parfois, il y avait des démonstrations estudiantines et la police utilisait des gaz lacrymogènes pour les disperser. Même lorsque des gens près de moi avaient des problèmes respiratoires, moi, je ne souffrais pas du tout.

Dans les premiers temps de mon ministère, ma famille habitait au sous-sol du bâtiment de mon église. En ces temps là, les coréens utilisaient des briquettes comme moyen de chauffage. Ma famille a beaucoup souffert du gaz monoxyde de carbone, surtout les journées nuageuses à cause du manque de circulation d'air. Moi je n'ai cependant jamais souffert de ce gaz empoisonné. Le Saint Esprit dissout instantanément tous les matériaux empoisonnés même s'ils entrent dans le corps de quelqu'un qui a une foi qui plait à Dieu, parce que le Saint Esprit dans Sa plénitude circule autour et dans le corps de cette personne.

5. Les Malades sont Guéris par l'Imposition de vos Mains

Le cinquième signe qui accompagne ceux qui ont cru est le fait que lorsqu'ils imposent les mains aux malades, les malades sont guéris. Par la grâce de Dieu, ce signe m'accompagnait déjà avant que je ne commence mon ministère. Après la fondation de mon église, un nombre incalculable de personnes ont été guéries et ont glorifié Dieu.

Maintenant, parce que je ne puis pas imposer les mains à chaque membre de mon église, je prie pour les malades depuis le pupitre. De nombreuses personnes malades ont néanmoins été guéries et des infirmités ont été restaurées au travers de la prière.

En plus de ceci, pendant la campagne de Réveil de deux semaines organisée chaque mois de mai jusqu'en 2004, de nombreuses maladies allant de la leucémie et la paralysie jusqu'aux cancers ont été guéris. De plus, les aveugles ont pu voir, les sourds entendre et les paralytiques marcher. Au travers de ces merveilleuses œuvres de Dieu, un nombre incalculable de gens ont pu rencontrer le Dieu vivant.

Mais pourquoi y a-t-il encore des gens qui ne peuvent pas recevoir de telles réponses au milieu de ces étonnantes œuvres du Saint Esprit, brûlant les germes et guérissant les malades et les infirmes ?

D'abord, nous devons rappeler que lorsque quelqu'un reçoit la prière sans foi, il ne peut pas être guéri. C'est donc normal qu'il ne reçoive pas de réponse s'il n'a pas la foi, parce que Dieu agit selon la foi de chaque personne. Deuxièmement, il ne peut être guéri, même s'il a la foi, lorsqu'il y a un mur de péché. Dans ce cas, il peut être guéri lorsqu'il reçoit la prière, mais uniquement après qu'il se soit repenti de ses péchés et qu'il soit revenu vers Dieu.

Il y a une autre chose que vous devez savoir : Même si quelqu'un guérit une personne par la prière, on ne peut pas dire qu'il a atteint le cinquième niveau de foi. Vous êtes capables de guérir les gens si vous avez le don de guérison, même si vous êtes au troisième niveau de foi.

De plus, quelqu'un au second niveau de foi guérit souvent les gens par la prière lorsqu'il est rempli du Saint Esprit, parce qu'il peut pénétrer pour un court moment le quatrième niveau de foi. De plus, la prière d'un homme juste ou la prière d'amour est tellement puissante et efficace que l'œuvre de Dieu peut être manifestée (Jacques 5 :16).

Au même moment, il y a des limites à de tels cas. Les maladies causées par les germes ou les virus tels que les maladies bénignes, les cancers et la conception peuvent être guéries, mais les grandes œuvres de Dieu telles que faire marcher les paralytiques ou voir les aveugles ne peuvent pas être accomplies.

Même si les démons peuvent être chassés par la prière d'amour ou par le don de guérison, il est très probable que ces démons reviendront après un temps. Si une personne au cinquième niveau de foi chasse les démons ils ne peuvent pas revenir.

De même, vous êtes déclaré être au cinquième niveau de foi uniquement lorsque vous êtes capables de montrer ces cinq sortes de signes simultanément. De plus, vous êtes capables de montrer de plus grandes puissances d'autorité, et dons du Saint Esprit si vous êtes à ce niveau.

A notre époque, où beaucoup de gens sont complètement remplis de mal et de péché, il est probable qu'ils ne puissent avoir la foi que lorsqu'ils peuvent voir de plus puissantes œuvres et signes que les gens du temps de Jésus.

C'est pourquoi Dieu veut que Ses enfants atteignent non seulement une foi spirituelle complète mais aussi qu'ils démontrent les signes qui accompagnent ceux qui ont cru, afin qu'ils puissent conduire un nombre incalculable de personnes sur le chemin du salut.

Vous devez essayer de recevoir la force, l'autorité et la puissance, sachant que vous êtes capables de faire ce que Jésus a fait et même de plus grandes choses que Ses œuvres si vous possédez la foi de Christ qui plait à Dieu.

Puissiez vous grandement étendre le royaume de Dieu et

accomplir Sa justice avec ce type de foi, et devenir capables de briller à jamais dans le ciel comme le soleil, dans le nom de Jésus Christ je prie !

10

Les Différents lieux de Séjour Célestes et Couronnes

1. Le Ciel possédé uniquement par la Foi
2. Le Ciel a Progressé avec Puissance
3. Différents lieux de Séjour et Couronnes

Que votre cœur ne se trouble point. Croyez en Dieu et croyez en Moi. L y a plusieurs demeures dans la maison de Mon Père. Si cela n'était pas, Je vous l'aurais dit. Je vais vous préparer une place. Et lorsque Je m'en serai allé, et que Je vous aurai préparé une place, Je reviendrai et Je vous prendrai avec Moi, afin que là où Je suis, vous soyez aussi.

(Jean 14 :1-3)

LES DIFFÉRENTS LIEUX DE SÉJOUR CÉLESTES ET COURONNES

Pour un athlète olympique, gagner une médaille d'or doit être un moment profondément émouvant. Il a pu gagner cette médaille d'or pas par chance, mais après un long temps d'entraînements intensifs pour augmenter sa technique en s'abstenant de ses hobbies et de ses plats préférés. Il a pu endurer ce dur entraînement parce qu'il avait un puissant désir de la médaille d'or et qu'il savait que ses efforts seraient justement récompensés.

C'est pareil pour nous les chrétiens. Dans la course spirituelle pour le royaume des cieux, nous devons combattre le bon combat de la foi, assujettir nos corps et en faire des esclaves afin de sortir en vainqueurs du prix ultime. Les gens de ce monde font tous leurs efforts pour recevoir les prix et la gloire du monde. Que devrez-vous donc faire pour recevoir le prix et la gloire du royaume éternel des cieux ?

L'écriture nous dit dans 1 Corinthiens 9 :24-25, « *Ne savez vous pas que ceux qui courent dans le stade courent tous, mais qu'un seul remporte le prix ? Courez de manière à le remporter. Tous ceux qui combattent s'imposent toute espèce d'abstinences et ils le font pour obtenir une couronne corruptible ; mais nous, faisons le pour une couronne incorruptible.* »

Ce passage nous encourage à être maître de soi en toutes choses et à courir sans cesse, en aspirant à la gloire dont vous jouirez assez tôt.

Examinons en détails comment vous pouvez posséder le royaume de gloire des cieux, et comment vous pouvez atteindre une meilleure demeure dans les cieux.

1. Le Ciel possédé uniquement par la Foi

Il y a de nombreuses personnes qui, malgré qu'elles aient l'honneur et la puissance, la prospérité et l'abondance ainsi qu'une grande part de connaissance, ne savent pas d'où vient l'homme, pourquoi il vit et où il va. Elles pensent simplement que depuis la naissance, les gens boivent et mangent, vont à l'école, travaillent, se marient et vivent jusqu'à ce qu'ils redeviennent une poignée de poussière après la mort.

Le peuple de Dieu cependant, qui a accepté Jésus Christ ne pense pas de cette manière. Ils savent que leur véritable Père qui leur donne la vie est Dieu, parce qu'ils croient qu'Il a créé le premier homme Adam et qu'Il lui a permis d'avoir des descendants en lui donnant la semence de vie. Ils vivent donc pour glorifier Dieu, soit qu'ils mangent ou boivent ou font quelque chose, parce qu'ils savent pourquoi Dieu a créé les hommes et leur permet d'habiter ce monde. Ils vivent aussi selon la volonté de Dieu parce qu'ils savent comment ils peuvent être sauvés, aller dans le royaume des cieux et posséder la vie éternelle, ou comment ils peuvent être punis dans le feu éternel de l'enfer.

Ceux qui ont la foi sont les enfants de Dieu avec la citoyenneté du ciel. Il veut qu'ils connaissent clairement le royaume des cieux et qu'ils soient remplis d'espérance pour leur maison là bas, parce qu'au plus les gens connaissent clairement le royaume des cieux, au plus activement ils vont vivre avec foi dans cette vie.

Vous ne pouvez posséder le ciel que par la foi et donc

uniquement ceux qui seront sauvés par la foi entreront là haut. Même si vous possédez une grande quantité d'argent et tous les honneurs et la puissance, vous ne pouvez aller là haut par votre propre force. Uniquement ceux qui ont le droit des enfants de Dieu en acceptant Jésus Christ et qui vivent selon Sa Parole peuvent aller au ciel et jouir de la vie éternelle et des bénédictions.

Le salut au temps de l'Ancien Testament

Cela veut-il dire que ceux qui ne savent rien à propos de Jésus ne peuvent pas être sauvés ? Non, ce n'est pas le cas. Comme le temps de l'Ancien Testament était le temps de la loi, les gens recevaient leur salut selon le fait qu'ils vivaient ou non selon la loi, la Parole de Dieu. Au temps du Nouveau Testament cependant, après que Jean Baptiste soit venu dans ce monde et ait témoigné de Jésus Christ, les gens ont été sauvés par la foi en Jésus Christ.

Même aujourd'hui, il y a peut être certaines personnes qui n'ont pas accepté Jésus Christ parce qu'ils n'ont pas encore eu l'opportunité d'entendre parler de Lui. De telles personnes seront jugées selon leur conscience (pour savoir plus sur ce sujet, voyez *Le La Voie du Salut*). Aujourd'hui, beaucoup de gens semblent mal interpréter la volonté de Dieu concernant le salut. Ils se méprennent en pensant qu'ils peuvent être sauvés simplement en confessant leur foi avec les lèvres, en disant, « Je crois que Jésus Christ est mon Sauveur », parce qu'au temps du Nouveau Testament, Dieu leur donne la grâce du salut au travers de Jésus Christ.

Ces gens pensent qu'ils ne doivent pas essayer de vivre selon Sa Parole et que pécher n'est pas un grand problème, mais ceci est absolument faux.

Que signifie donc vraiment d'être sauvé par des œuvres dans les temps de l'Ancien Testament ou d'être sauvé par la foi dans les temps du Nouveau Testament ?

Jésus n'est pas venu dans ce monde pour sauver ceux qui ne vivent pas selon la Parole de Dieu ; Il est venu pour guider les gens à vivre selon la Parole de Dieu, non seulement par leurs œuvres, mais aussi dans leurs cœurs.

C'est pourquoi Jésus déclare dans Matthieu 5 :17, « *Ne croyez pas que Je sois venu pour abolir la loi et les prophètes ; Je suis venu non pour abolir, mais pour accomplir.* » Il nous rappelle aussi que si quelqu'un commet un péché dans son cœur, il est déjà considéré avoir péché : « *Vous avez appris qu'il a été dit : tu ne commettras point d'adultère, mais Moi, je vous dis que quiconque regarde une femme pour la convoiter a déjà commis un adultère avec elle dans son cœur.* » *(Matthieu 5 :27-28)*

Le salut au temps du Nouveau Testament

Au temps de l'Ancien Testament, même si quelqu'un avait commis un adultère dans son cœur, il n'était pas considéré comme ayant péché à moins qu'il n'ait péché en actes. Uniquement lorsqu'il avait commis un adultère en actes, il était considéré comme un pécheur. Par conséquent, uniquement quand il avait commis l'acte d'adultère, les gens le lapidaient à mort (Deutéronome 22 :21-24). De la même manière, dans les temps de l'Ancien Testament, lorsque quelqu'un était très méchant et mauvais, avait l'intention de tuer quelqu'un ou de voler quelque chose dans son cœur, mais qu'il ne démontrait pas une telle intention dans les œuvres, il pouvait être sauvé et il n'était pas considéré coupable de péché.

Voyons maintenant 1 Jean 3 :15 de manière à comprendre ce que signifie être sauvé par la foi dans les temps du Nouveau Testament : « *Quiconque hait son frère est un meurtrier, et vous savez qu'aucun meurtrier n'a la vie éternelle demeurant en lui.* »

Dans les temps du Nouveau Testament, même si quelqu'un ne commet pas de péché en actes, il ne peut pas être sauvé s'il pèche dans son cœur, parce que c'est pareil que de pécher ouvertement.

Pour cela, dans les temps du Nouveau Testament, si quelqu'un a l'intention de voler, il est déjà un voleur ; si quelqu'un regarde une femme avec convoitise, il est déjà un adultère ;et si quelqu'un hait son frère, il ne vaut pas mieux qu'un meurtrier. En connaissant ceci clairement, vous devez recevoir le salut en montrant votre foi en Dieu sans pécher dans votre cœur.

Chassez les œuvres et les désirs de la nature pécheresse

Dans la Bible, vous pouvez souvent trouver des termes comme « la nature pécheresse », « la chair », « les désirs de la nature pécheresse », « les actes de la nature pécheresse »,

« le corps de péché », et ainsi de suite. Il est cependant très difficile de trouver quelqu'un qui connaisse la véritable signification de ces termes, même parmi les chrétiens.

Selon un dictionnaire, il n'y a aucune différence de signification entre « chair » et « corps », mais selon la Bible, ils ont une signification spirituelle différente. Afin de saisir la signification spirituelle de ces termes, vous devez d'abord comprendre le processus par lequel le péché est entré dans l'homme.

Le premier homme, en tant qu'esprit vivant était une personne spirituelle sans aucune contrevérité, parce que Dieu lui avait seulement enseigné la connaissance de la vie. La mort est tombée sur lui lorsqu'il commit le péché de désobéissance en prenant le fruit de l'arbre de la connaissance du bien et du mal, parce qu'il n'avait pas gardé le commandement de Dieu dans sa pensée. (Romains 6 :23).

Comme l'esprit, qui avait joué le rôle de maître en lui est mort, Adam ne pouvait plus communiquer avec Dieu. De plus, lui en tant que créature devait craindre le Créateur Dieu et garder Ses commandements, mais il n'a même pas pu accomplir tout son devoir d'homme comme cela. Il a été chassé du Jardin d'Eden et a dû vivre dans ce monde, traversant les larmes, les regrets, les souffrances, les maladies et la mort. Lui et ses descendants ont été amenés à commettre des péchés parce qu'ils sont graduellement devenus mauvais génération après génération.

Dans ce processus de devenir teinté de péché, lorsque la connaissance de la vie originellement donnée par Dieu est enlevée de l'homme, nous appelons ce stade « corps », et lorsque les attributs pécheurs sont combinés avec le « corps », nous appelons cela « la nature pécheresse ».

Pour cela, « la nature pécheresse » est un terme générique se référant à des attributs invisibles mais pourtant latents dans le cœur des gens qui sont capables de se transformer en actes, même si en fait ils ne sont pas accomplis. De plus, lorsque nous divisons et cataloguons la nature pécheresse en des attributs détaillés, nous appelons cela « les désirs de la nature pécheresse. »

Par exemple, des caractéristiques telles que l'envie, la jalousie et la haine sont invisibles, mais peuvent être exposées en actes n'importe quand, tant qu'elles demeurent dans votre cœur. C'est pourquoi Dieu les regarde également comme des péchés.

De cette manière, si vous ne vous débarrassez pas des désirs de la nature pécheresse, ils sont révélés en actes, et lorsque les désirs de la nature pécheresse sont exposés en actes, nous les appelons « actes de la nature pécheresse ». Et lorsque les actes détaillés de la nature pécheresse sont mis ensemble, ils sont appelés « la chair ».

En d'autres termes, lorsque nous divisons la chair en œuvres détaillées, nous les appelons « les actes de la nature pécheresse ». Si vous avez une intention de battre quelqu'un, ce genre de cœur appartient aux « désirs de la nature pécheresse », et si battez effectivement cette personne, c'est un « acte de la nature pécheresse ».

Quelle est la signification spirituelle de « chair » comme définie dans Genèse 6 :3 ?

Alors l'Eternel dit : Mon Esprit ne restera pas à toujours dans l'homme, car l'homme n'est que chair.

Ce verset nous rappelle que Dieu ne veut pas être à toujours avec des gens qui ne vivent pas selon Sa Parole, mais commettent des péchés et deviennent « chair ».

La Bible nous dit cependant, que de tous temps, Dieu a été avec des gens spirituels tels qu'Abraham, Moïse, Elie, Noé et Daniel, qui ne recherchaient que la vérité et vivaient selon la Parole de Dieu. Pour cela, sachant que des gens charnels qui ne vivent pas selon la Parole de Dieu ne peuvent pas être sauvés, vous devez lutter pour chasser rapidement non seulement les actes de la nature pécheresse, mais aussi les désirs de la nature pécheresse.

Les gens charnels n'hériteront pas le royaume de Dieu

Puisque Dieu est amour, Il donne le droit de devenir Ses enfants et le Saint Esprit en tant que don à ceux qui réalisent qu'ils sont pécheurs, se repentent de leurs péchés et acceptent Jésus Christ comme leur Sauveur. Lorsque vous recevez le Saint Esprit en tant que don et que vous donnez naissance à votre esprit par le Saint Esprit, votre esprit mort est ressuscité.

Vous êtes donc capables de recevoir le salut et d'avoir la vie éternelle parce vous n'êtes plus un homme charnel mais un homme spirituel. Cependant, si vous continuez à vivre les actes de la nature pécheresse, vous ne serez pas sauvés parce que Dieu ne sera pas avec vous.

Les actes de la nature pécheresse sont définis en détail dans Galates 5 :19-21 :

> *Or, les œuvres de la chair sont évidentes ; ce sont la débauche, l'impureté, le dérèglement, l'idolâtrie, la magie, les rivalités, les querelles, les jalousies, les animosités, les disputes, les divisions, les sectes, l'envie, l'ivrognerie, les excès de table et les choses semblables. Je vous dis d'avance, comme je vous l'ai déjà dit, que ceux qui commettent de telles choses n'hériteront point le royaume de Dieu.*

Jésus nous dit aussi dans Matthieu 7 :21, « *Ceux qui Me disent Seigneur, Seigneur, n'entreront pas tous dans le royaume des cieux, mais seulement ceux qui font la volonté de Mon Père qui est dans les cieux.* » De plus, en nous répétant encore et encore dans la Bible que les injustes qui ne vivent pas selon Sa volonté mais commettent les actes de la nature pécheresse ne peuvent pas entrer dans les cieux, Dieu veut que tous reçoivent le salut uniquement par la foi et arrivent au ciel.

Si vous voulez recevoir le salut par la foi

Dans Romains 10 :9-10, nous lisons, « *Si tu confesses de ta bouche le Seigneur Jésus, et que tu crois dans ton cœur que Dieu l'a ressuscité des morts, tu seras sauvé. Car c'est en croyant du cœur qu'on parvient à la justice, et c'est en confessant de la bouche qu'on parvient au salut. »*

Le genre de foi que Dieu veut est celle par laquelle vous croyez de tout votre cœur et que vous confessez de votre bouche. En d'autres termes, si vous croyez vraiment dans votre cœur que Jésus est devenu votre Sauveur en ressuscitant au troisième jour après Sa crucifixion, vous êtes justifiés en chassant les péchés et en vivant selon la Parole de Dieu. Lorsque vous confessez de votre bouche, tandis que vous vivez de cette manière, en accord avec Sa volonté, vous pouvez être sauvés, parce que votre confession est vraie.

C'est pourquoi Romains 2 :13 dit, « *Ce ne sont pas, en effet, ceux qui écoutent la loi qui sont justes devant Dieu, mais ce sont ceux qui la mettent en pratique qui seront justifiés.* » Les écritures nous disent aussi dans Jacques 2 :26, « *Comme le corps sans esprit est mort, de même la foi sans les œuvres est morte.* »

Vous pouvez montrer votre foi avec vos œuvres uniquement lorsque vous croyez la Parole de Dieu dans votre cœur, et non lorsque vous vous contentez de la stocker comme une simple connaissance. Lorsque la connaissance est gravée dans votre cœur, les œuvres suivront.

Donc si vous avez été une personne qui a de la haine auparavant, vous pouvez être transformés en quelqu'un qui aime les autres. Si vous avez été un voleur, vous pouvez être transformé en quelqu'un qui ne vole plus. Si vous vivez toujours dans les ténèbres avec un amour pour le monde et que vous confessez votre foi de vos lèvres seulement, votre foi est morte parce qu'elle n'a rien à voir avec le salut.

Il est aussi écrit dans 1 Jean 1 :7, *« Mais si nous marchons dans la lumière, comme Il est Lui-même dans la lumière, nous sommes mutuellement en communion, et le sang de Jésus Son Fils, nous purifie de tout péché. »*
Lorsque la vérité est en vous cependant, vous marchez naturellement dans la lumière parce que vous vivez par la vérité. Vous devenez justes à cause de la foi de votre cœur, tandis que vous quittez les ténèbres et entrez dans la lumière, en chassant les péchés. Au contraire, vous mentez à Dieu si vous vivez toujours dans les ténèbres en commettant le péché et le mal. Vous devez donc rapidement atteindre la foi accompagnée des œuvres.

Vous devez marcher dans la lumière

Dieu nous ordonne de combattre le péché au point de verser le sang (Hébreux 12 :4) parce qu'Il veut que nous soyons parfaits comme Lui-même est parfait (Matthieu 5 :48), et saints comme Lui-même est saint (1 Pierre 1 :16).

Dans les temps de l'Ancien Testament, les gens étaient sauvés uniquement si leurs actes avaient été parfaits ; ils n'avaient pas à chasser les péchés dans leurs cœurs parce que c'était impossible pour des gens en tant qu'êtres humains de se débarrasser par eux-mêmes de leurs péchés avec leurs propres forces.

Si vous pouviez chasser les péchés par vous-mêmes,

Jésus n'aurait pas du venir dans la chair. Cependant, parce que vous ne pouvez pas résoudre le problème de péché ni être sauvé par votre propre capacité et force, Jésus a été crucifié, et Il donne à quiconque le croit, le Saint Esprit comme un don et Il les conduit vers le salut.

De cette manière, vous pouvez chasser toute espèce de mal avec l'aide du Saint Esprit et participer à la nature divine parce que, le Saint Esprit lorsqu'Il vient dans votre cœur, vous rend conscient de péché, de justice et de jugement.

Pour cela vous ne devez pas être satisfait uniquement en ayant accepté Jésus Christ, mais au contraire vous prierez avec ferveur, vous chasserez toute espèce de mal et vous marcherez dans la lumière avec l'aide du Saint Esprit jusqu'à ce que vous soyez capables de participer à la nature divine.

Le seul moyen de posséder le ciel, est d'avoir la foi spirituelle accompagnée par les œuvres, comme nous le voyons dans Matthieu 7:21 : « *Ceux qui me disent Seigneur, Seigneur n'entreront pas tous dans le royaume des cieux, mais uniquement celui qui fait la volonté de mon Père qui est dans les cieux.* » Vous devez aussi faire tous les efforts jusqu'à ce que vous atteigniez la mesure de la foi des pères, parce que les demeures dans les cieux seront déterminées par la mesure de foi de chaque personne.

J'espère que vous participerez à la nature divine et que vous possèderez la Nouvelle Jérusalem dans laquelle se trouve le trône de Dieu.

2. Le Ciel a Progressé avec Puissance

Dieu nous laisse moissonner ce que nous semons, et nous récompense selon ce que nous faisons, parce qu'Il est juste. Donc, même au ciel chaque personne est rémunérée par une demeure différente selon la mesure de sa foi et différentes récompenses sont données à chacun selon la mesure où il sert et se dévoue pour le royaume de Dieu. Dieu qui a même sacrifié sans retenue Son Fils unique pour nous offrir le ciel et la vie éternelle, attend impatiemment que Ses enfants entrent et vivent éternellement avec Lui dans la meilleure demeure dans les cieux, la Nouvelle Jérusalem.

Au travers de l'histoire mondiale, une nation puissante a en général commencé une guerre contre une nation relativement plus faible, et élargi son territoire. Afin de conquérir le territoire d'une autre nation, une nation doit envahir l'autre et la vaincre dans la guerre.

De la même manière, si vous êtes un enfant de Dieu avec une citoyenneté du ciel, vous devez progresser vers le ciel avec un espoir fervent, parce que vous le connaissez très bien. Certains peuvent se poser la question comment nous osons avancer vers le ciel qui est le royaume du Dieu tout puissant. C'est pourquoi, nous devons d'abord comprendre la signification spirituelle d' « avancer vers le ciel » et ensuite comment avancer vers lui.

Depuis les jours de Jean Baptiste

Jésus nous dit dans Matthieu 11 :12, « *depuis le temps de Jean Baptiste, jusqu'à présent, le royaume des cieux est forcé, et ce sont les violents qui s'en emparent.* » Les jours avant Jean Baptiste se réfère aux jours de la loi, pendant lesquels, les gens étaient sauvés par leurs œuvres.

L'Ancien Testament est l'ombre du Nouveau Testament ; les prophètes avaient conduit le peuple à connaître Jéhovah et ont prophétisé à propos du Messie. Cependant, depuis les jours de Jean Baptiste, l'ère nouvelle du Nouveau Testament, ou la nouvelle promesse a été ouverte avec la fermeture des prophéties de l'Ancien Testament.

Notre Sauveur Jésus est apparu dans le cours de l'histoire de l'humanité, non pas comme une ombre, mais comme un véritable Etre Lui-même. Jean Baptiste a commencé à témoigner de Jésus qui est venu de cette manière. Depuis lors, un temps de grâce a commencé durant lequel chacun pouvait recevoir le salut en acceptant Jésus Christ comme son Sauveur, et ensuite en recevant le Saint Esprit.

Quiconque accepte Jésus Christ et croit dans Son nom, reçoit le droit de devenir un enfant de Dieu et d'entrer au ciel. Dieu a cependant divisé le ciel en diverses demeures et laisse chacun de Ses enfants les posséder en fonction de sa mesure de foi. Parce que Dieu est juste et qu'il rémunère chaque personne comme il ou elle a agi. De plus, seuls ceux qui se seront entièrement sanctifiés en vivant selon la Parole et qui ont entièrement accompli leur mission peuvent entrer dans la Nouvelle Jérusalem où se trouve le trône de Dieu.

Pour cela, vous devez être un violent pour saisir la meilleure demeure dans le ciel parce que vous entrerez chacun dans un endroit différent en fonction de la mesure de votre foi, malgré que l'entrée du ciel même soit possédée par la foi.

Depuis les jours de Jean Baptiste jusqu'à la seconde venue du Seigneur dans les airs, quiconque s'avance vers le ciel en prendra possession. Jésus nous dit dans Jean 14 :6, *« Je suis le chemin, la vérité et la vie. Personne ne vient au Père, si ce n'est par Moi. »*

Le Seigneur nous dit que personne ne peut parvenir au Père si ce n'est par Lui, parce qu'Il est le chemin qui conduit au ciel, la vérité même et la vie. Pour cette raison, Il est venu dans ce monde, témoignant de Dieu, afin que nous puissions comprendre parfaitement Dieu, et Il nous a dit Lui-même comment aller au ciel, en devenant un modèle pour nous.

Le ciel est divisé en différents endroits de repos

Le ciel est le royaume de Dieu dans lequel Ses enfants sauvés vivront éternellement. Contrairement à ce monde, c'est le royaume de la paix sans changement ni corruption. Il est plein de joie et de bonheur sans maladies, regrets, douleur ni mort, parce que l'ennemi Satan et le diable et le péché ne sont pas là bas.

Même si nous essayons de nous imaginer à quoi ressemble le ciel, vous serez complètement émerveillés et étonnés lorsque vous verrez la réelle beauté et lumière du ciel. Avec quelle joie le Dieu tout puissant et le Créateur de l'univers a-t-Il du faire le ciel où Ses enfants doivent vivre éternellement ! Si vous examinez la Bible avec attention, vous allez découvrir que le ciel est divisé en de nombreux endroits de repos.

Jésus dit dans Jean 14 :2, « *Il y a plusieurs demeures dans la maison de Mon Père. Si cela n'était pas, je vous l'aurais dit. Je vais vous préparer une place.* » Néhémie mentionne aussi différents « cieux » : « *C'est toi, Eternel, Toi seul, qui a fait les cieux, les cieux des cieux et toute leur armée, la terre et tout ce qui est sur elle, les mers et tout ce qu'elles renferment. Tu donnes la vie à toutes ces choses et l'armée des cieux T'adore.* » *(Néhémie 9 :6)*

Dans les temps anciens, les gens pensaient qu'il n'y avait qu'un seul ciel, mais de nos jours, avec le développement de la science, nous savons qu'il y a de nombreux espaces, différents de l'espace que nous pouvons voir de nos yeux nus. A notre surprise, Dieu a déjà mentionné ce fait dans la Bible.

Par exemple, le roi Salomon confesse qu'il y a de nombreux ciels : « *Mais quoi ! Dieu habiterait-il véritablement sur la terre ? Voici, les cieux et les cieux des cieux ne peuvent Te contenir : combien moins cette maison que j'ai bâtie !* » *(1 Rois 8 :27)* L'apôtre Paul a confessé en 2 Corinthiens 12 :2-4 qu'il a été conduit au Paradis dans le troisième ciel et Apocalypse 21 décrit la Nouvelle Jérusalem dans laquelle se trouve le trône de Dieu.

Pour cela, vous devez reconnaître que le ciel ne consiste pas uniquement en un seul lieu de repos, mais en de

LES DIFFÉRENTS LIEUX DE SÉJOUR CÉLESTES ET COURONNES 245

nombreux lieux de repos. Je classifierai le ciel en différents endroits selon la mesure de la foi et je les appellerai Paradis, le Premier Royaume, le Second Royaume, le Troisième Royaume et la Nouvelle Jérusalem. Le Paradis est pour ceux qui ont la plus petite foi ; le Premier Royaume est pour ceux qui ont une meilleure foi que ceux dans le Paradis ; le Second Royaume est pour ceux qui ont une meilleure foi que ceux du Premier Royaume ; le Troisième Royaume est pour ceux qui ont une meilleure foi que ceux du Second Royaume. Dans le Troisième Royaume, il y a la Nouvelle Jérusalem, la Cité Sainte où se trouve le trône de Dieu.

Le royaume des cieux est violemment forcé par la foi

En Corée, il y a des îles telles que Ul-lung et Jeju, des régions rurales et montagneuses, de petites et grandes agglomérations et villes, et des régions métropolitaines. Dans la capitale Séoul, il y a la résidence officielle du Président, Cheong Wa Dae.

Tout comme une nation est divisée en différents districts pour des raisons et des facilités administratives. Le royaume des cieux est aussi divisé en différents endroits de repos, selon un standard très strict. En d'autres termes, votre endroit de repos est déterminé par la manière dont vous vivez selon le cœur de Dieu.

Dieu est tellement heureux lorsque vous vivez avec l'espérance pour le ciel parce que c'est la preuve que vous avez la foi, et en même temps, c'est un raccourci pour vous de gagner le combat contre l'ennemi Satan et le diable, et de devenir sanctifié en chassant rapidement les œuvres et les désirs de la nature pécheresse.

Après que vous ayez accepté Jésus Christ, vous réalisez qu'il est facile de vous débarrasser de vos œuvres de la nature pécheresse, mais ce n'est pas aussi facile de vous débarrasser des désirs de la nature pécheresse, les attributs du péché profondément enracinés en vous.

C'est pourquoi, ceux qui ont la foi véritable essaient de prier et de jeûner continuellement, afin qu'ils puissent devenir de saints fils de Dieu en chassant complètement, même les désirs de la nature pécheresse.

Le ciel est uniquement possédé par la foi et chaque lieu de repos est déterminé selon ce que chacun a fait, parce que le ciel est l'endroit où Dieu gouverne avec justice et amour. En d'autres termes, l'endroit de repos pour celui qui a le premier niveau de foi est différent de l'endroit de repos de celui qui est au second ou troisième niveau de foi, et ainsi de suite. Au plus élevé est le niveau de foi que vous aurez obtenu, au plus beau et glorieux sera l'endroit de repos où vous entrerez.

Vous devez avancer vers le ciel

Pour cela, si vous êtes seulement qualifié pour entrer au Paradis, vous devez lutter pour avancer vers le Premier Royaume, et les meilleurs endroits de repos du ciel. Tandis que vous progressez vers le ciel, contre qui luttez-vous ? C'est un combat qui fait rage contre le diable pour vous accrocher à la foi dans ce monde et pour avancer vers les portes du ciel.

L'ennemi Satan et le diable font tous leurs efforts pour amener les gens à s'opposer à Dieu afin qu'ils n'entrent pas dans le ciel ; les faire douter afin qu'ils ne puissent pas avoir la foi ; et finalement les conduire à la mort en les poussant à commettre des péchés. C'est pourquoi vous devez vaincre le diable. Vous n'entrerez dans un meilleur lieu de repos que lorsque vous ressemblerez au Seigneur en combattant le péché jusqu'au point de verser votre sang.

Supposons qu'il y a un boxeur. Il supporte toutes sortes d'entraînements difficiles pour devenir un champion du monde. Le boxeur sait qu'au travers de ce type de dur entraînement, il peut devenir un champion du monde et qu'alors il pourra jouir de l'honneur, de l'abondance et de la prospérité. Il doit cependant traverser ces entraînements douloureux et lutter contre lui-même jusqu'à ce qu'il remporte le titre de champion.

C'est pareil lorsqu'on se saisit du ciel en avançant vers lui. Vous devez combattre le combat pour devenir sanctifiés en chassant toute espèce de mal, et accomplir les tâches que Dieu vous a confiées. Vous devez remporter un combat spirituel pour remporter le ciel en priant avec ferveur même si votre ennemi Satan et le diable vous dérangent continuellement dans ce combat d'approche du royaume des cieux.

Une chose que vous devez savoir est que le combat contre le diable n'est en fait pas aussi dur. Quiconque a la foi est capable de gagner le combat contre l'ennemi Satan et le diable, parce que Dieu l'aide et le guide avec l'armée céleste et les anges, et le Saint Esprit.

Nous devons saisir le ciel en avançant vers lui et remporter la victoire avec foi. Après qu'un boxeur a remporté un titre de champion, il doit lutter pour conserver le titre. Le combat pour entrer au ciel est cependant joyeux et agréable parce qu'au plus vous remportez de victoires, au plus léger votre fardeau de péché devient. Chaque fois que vous remportez une victoire, vous êtes tellement satisfaits, et le combat devient de plus en plus facile, jour après jour parce que tout va bien avec vous, et que vous pouvez jouir d'une bonne santé dans la mesure où prospère également votre âme.

De plus, même si un boxeur devient champion du monde et reçoit les honneurs, l'abondance et la prospérité, tout disparaît avec sa mort. Cependant, la gloire et les bénédictions que vous recevez après le combat pour avancer vers le ciel durent éternellement.

Pourquoi donc ferez-vous de votre mieux et combattrez-vous ? Vous devez être une personne sage qui atteint le meilleur ciel en progressant violemment vers lui, dans la poursuite des choses éternelles et non terrestres.

Si vous voulez avancer vers le ciel par la foi

Lorsque Jésus explique le ciel, Il enseigne aux gens par des paraboles qui montrent des choses terrestres afin que les gens puissent mieux les comprendre. L'une d'entre elles est la parabole du grain de sénevé.

« Le royaume des cieux est semblable à un grain de sénevé qu'un homme a pris et semé dans son champ. C'est la plus petite de toutes les semences ; mais quand il a poussé, il est plus grand que les légumes et devient un arbre, de sorte que les oiseaux du ciel viennent habiter dans ses branches. » (Matthieu 13 :31-32).

Lorsque vous frappez un morceau de papier avec un stylo à bille, un tout petit point demeure. Sa taille est à peu près semblable à celle d'un grain de moutarde. Même cette petite semence va grandir pour devenir un grand arbre, afin que les oiseaux du ciel puissent venir et y percher. Jésus utilise cette parabole pour montrer le processus de croissance de la foi : même si vous avez une petite foi maintenant, vous pouvez la faire grandir en une grande foi.

Jésus nous dit dans Matthieu 17 :20, *« Je vous le dis en vérité, si vous aviez de la foi comme un grain de sénevé, vous diriez à cette montagne : Transporte-toi d'ici là et elle se transporterait ; rien ne vous serait impossible. »* En réponse à le demande de Ses disciples de *« faire grandir leur foi »*, Jésus répond dans Luc 17 :6, *« Si vous aviez de la foi comme un grain de sénevé, vous diriez à ce sycomore : Déracine-toi et plante-toi dans la mer ; e il vous obéirait. »*

Vous pouvez vous demander comment vous pouvez faire bouger une montagne ou un arbre simplement en lui ordonnant avec une foi comme un grain de moutarde. Cependant, même la plus petite lettre ou le plus minuscule signe ne disparaîtront en aucune manière de la Parole de

Dieu.

Quelle est donc la signification spirituelle de ces versets ? Vous recevez de la foi qui est petite comme un grain de moutarde lorsque vous recevez Jésus et recevez le Saint Esprit. Cette petite foi va germer et grandir lorsque vous la plantez dans le champ de votre cœur. Lorsqu'elle grandit pour devenir une grande foi, vous pouvez faire bouger une montagne rien qu'en la commandant, et aussi manifester les puissantes œuvres de Dieu telles que faire voir les aveugles, entendre les sourds, parler les muets et ressusciter les morts.

Il n'est pas bon pour vous de penser que vous n'avez pas de foi parce que vous êtes incapables de manifester les œuvres de la puissance de Dieu ou que vous avez encore des problèmes dans votre famille ou vos affaires. Vous marchez sur le chemin de la vie éternelle en fréquentant l'église, louant et priant, parce que vous avez une foi comme un grain de sénevé. Vous n'expérimentez simplement pas les puissantes œuvres de Dieu, parce que la mesure de votre foi est trop petite.

Donc, votre foi qui est grande comme un grain de moutarde doit grandir pour devenir une foi suffisamment grande pour déplacer une montagne. Tout comme vous plantez une semence de raisin et la cultivez pendant qu'elle germe, fleurit et produit son fruit, votre foi grandit aussi selon le même processus.

Vous devez posséder la foi spirituelle

C'est pareil pour avancer vers le royaume des cieux.

Vous ne pouvez pas entrer dans la Nouvelle Jérusalem simplement en disant « Oui, je crois. » Vous devez la saisir pas à pas, commençant par le Paradis, jusqu'à ce que vous atteigniez la Nouvelle Jérusalem. Afin d'arriver à la Nouvelle Jérusalem, vous devez clairement savoir comment y arriver. Si vous n'en connaissez pas le chemin, vous ne pouvez pas la saisir, où vous allez arriver à du surplace malgré vos efforts.

Les israélites qui sont sortis d'Egypte ont murmuré contre Moïse et se sont lamentés parce qu'ils n'avaient pas suffisamment de foi pour partager la Mer Rouge. Alors Moïse qui avait une grande foi, même pour déplacer une montagne a dû partager la Mer Rouge en deux parts. Malgré cela, la foi des israélites était au point mort, même après qu'ils aient expérimenté la Mer Rouge séparée.

Au lieu de cela, ils firent l'image d'un veau et ils se prosternèrent devant lui pendant que Moïse jeûnait et priait sur le Mont Sinaï pour recevoir les dix commandements (Exode 32). Après cela, Dieu fut fâché et il dit à Moïse, *« je pourrais les détruire. Ensuite Je ferai de toi une grande nation. »* Les israélites n'avaient pas encore la foi spirituelle pour obéir à Dieu et cela malgré qu'ils aient vu de nombreux signes et miracles manifestés au travers de Moïse.

Finalement, la première génération des israélites du temps de l'Exode, ne put pas entrer en Canaan, sauf Josué et Caleb. Comment était la seconde génération de l'Exode, avec Josué et Caleb ? Dès que les sacrifiteurs portant l'Arche d'Alliance de Dieu posèrent leurs pieds dans la rivière Jourdain sous la direction de Josué, l'eau s'arrêta et les israélites purent le traverser.

De plus, en obéissance au commandement de Dieu, ils marchèrent autour de la ville de Jéricho pendant sept jours et poussèrent une grande clameur, et la puissante Jéricho s'écroula. Ils ont pu expérimenter les œuvres miraculeuses de la puissance de Dieu non parce qu'ils avaient de la force physique, mais parce qu'ils ont obéi aux ordres de Josué, qui avait une grande foi, même pour déplacer une montagne. En ce temps là, les israélites atteignirent aussi la foi spirituelle.

Comment Josué a-t-il pu obtenir une telle grande et forte foi ? Josué a été capable d'hériter de l'expérience et de la foi de Moïse avec qui il avait passé quarante ans dans le désert. Tout comme Elisée a hérité d'une double portion de l'esprit d'Elie en le suivant jusqu'au bout, Josué, en tant que successeur de Moïse, qui avait été reconnu par Dieu, devint un homme d'une grande foi en servant et en obéissant à Moïse tout en le suivant. Par conséquent, il a démontré les œuvres puissantes d'arrêter même le soleil et la lune (Josué 10 :12-13).

C'est pareil avec les israélites qui ont suivi Josué. La première génération de l'Exode qui avait 20 ans ou plus avait souffert pendant quatre décades et ils sont morts dans le désert. Leurs descendants cependant, qui ont suivi Josué ont pu entrer en Canaan parce qu'ils ont pu posséder la foi spirituelle au travers de différentes épreuves et difficultés.

Vous devez clairement comprendre la foi spirituelle. Certaines personnes disent qu'ils ont eu une telle foi dans le passé pour être des serviteurs fidèles dans leur église. Ils disent cependant qu'ils ne sont plus fidèles parce que leur foi a plus ou moins reculé. Leur affirmation n'est pas valable parce que la foi spirituelle ne change jamais. Leur foi du passé a changé parce que ce n'était pas de la foi spirituelle, mais de la foi de connaissance. Si cela avait réellement été de la foi spirituelle, elle n'aurait pas changé ni diminué avec le temps.

Supposons qu'il y ait un mouchoir blanc. Comme je vous le montre, je demande « Croyez-vous que ce mouchoir est blanc ? » Vous direz sûrement, « Oui ». A nouveau, supposons que dix ans ont passé, et que tenant le même mouchoir, je vous demande « Ceci est un mouchoir blanc, le croyez-vous ? » Comment répondrez-vous ? Personne ne serait sceptique quand à la couleur ou dirait que c'est un mouchoir noir, même après un temps assez long. Le même mouchoir que j'ai cru être blanc il y a dix ou vingt ans, je croirai encore aujourd'hui qu'il est blanc.

Voici une autre parabole. Lorsque vous allez en pèlerinage en Terre Sainte, vous verrez qu'ils vendent des grains de moutarde emballés dans une enveloppe. Un jour, un certain homme acheta et sema des grains de moutarde dans un champ, mais ils n'ont pas germé ; les forces de vie dans les semences sont mortes parce qu'elles sont restées un temps trop long sans être plantées.

De la même manière, même si vous avez accepté Jésus Christ, reçu le Saint Esprit et que vous avez de la foi comme un grain de moutarde, le Saint Esprit en vous peut disparaître si vous ne semez pas de la foi dans le champ de votre cœur pendant longtemps. C'est pourquoi 1 Thessaloniciens 5 :19 nous prévient, « *n'éteignez pas le feu du Saint Esprit* ». Votre foi, même si elle est petite comme un grain de moutarde peut maintenant graduellement grandir quand vous la plantez dans le champ de votre cœur et que vous agissez par les œuvres de votre foi. Cependant, si vous ne vivez pas selon la Parole de Dieu pendant longtemps depuis que vous avez reçu le Saint Esprit, le feu de l'Esprit peut s'éteindre.

Saisissant le ciel par la foi spirituelle

Pour cela, vous devez vivre selon la Parole de Dieu si vous avez accepté Jésus Christ et reçu le Saint Esprit. En obéissance à la Parole de Dieu vous devez chasser le péché, prier, louer, avoir une communion avec les frères et sœurs dans le Seigneur, prêcher l'évangile et vous aimer les uns les autres.

Votre foi grandira si vous la cultivez de cette manière. Par exemple, lorsque vous tenez compagnie à vos frères dans la foi, votre foi est capable de grandir, parce que vous pouvez rendre gloire à Dieu en partageant des témoignages et des conversations dans la vérité les uns avec les autres.

Vous pourrez voir que la foi de quelqu'un est influencée par ceux qu'il fréquente. Si des parents ont une bonne foi, leurs enfants aussi auront probablement une bonne foi. Si votre ami a une bonne foi, votre foi grandit aussi parce que votre foi ressemble à celle de votre ami.

Au contraire, parce que l'ennemi Satan et le diable

essaient de voler votre foi, vous ne devez non seulement vous armer de la Parole de Dieu en tous temps, mais aussi prier sans cesse pour remporter le combat spirituel en étant toujours joyeux et en rendant grâce en toutes circonstances avec la puissance et l'autorité de Dieu.

Alors, votre foi qui est petite comme un grain de sénevé grandira pour devenir un grand arbre plein de feuilles et de fleurs, et il portera finalement beaucoup de fruits. Vous serez capables de glorifier Dieu en produisant abondamment les neuf fruits du Saint Esprit, le fruit de l'amour spirituel et le fruit de la lumière.

Vous savez combien d'efforts et de patience un fermier doit avoir et faire entre le moment des semailles et celui de la moisson. De la même manière, nous ne pouvons pas posséder le ciel simplement en fréquentant l'église. Nous devons aussi lutter et combattre spirituellement pour le faire nôtre.

Lorsque vous évangélisez les gens, vous pouvez rencontrer certaines personnes qui vous diront qu'elles veulent faire beaucoup d'argent et jouir de la vie en premier lieu, et ensuite aller à l'église quand elles seront un peu plus âgées. Combien stupides sont-elles ! Vous ne savez pas ce qui va se passer demain ni quand le Seigneur va revenir.

De plus, vous ne pouvez pas acquérir la foi en un jour et la foi ne grandit pas en peu de temps. Bien sûr, vous pouvez acquérir une foi de connaissance autant que vous le voulez. Vous ne serez cependant capables d'acquérir la foi spirituelle que si vous réalisez la Parole de Dieu et que vous vivez passionnément par elle.

Un fermier ne sème pas des semences n'importe où. Il cultive une parcelle de terre stérile et la fertilise d'abord. Ensuite il sème la semence sur ce champ et il en prend soin en l'arrosant, la fertilisant, et ainsi de suite. Alors seulement les plantes sont capables de grandir convenablement et il est capable de moissonner abondamment. De la même manière, si vous avez une foi comme un grain de moutarde, vous devez semer et cultiver votre foi afin qu'elle grandisse pour devenir un grand arbre sur lequel beaucoup d'oiseaux peuvent venir se nicher.

D'une part, « l'oiseau » dans la parabole du semeur dans Matthieu 13 :1-9 représente l'ennemi le diable qui mange la semence de la Parole de Dieu, qui est tombée sur le chemin.

D'autre part, les oiseaux dans Matthieu 13 :31-32 représentent le peuple : « *Le royaume des cieux est semblable à un grain de sénevé qu'un homme a pris et semé dans son champ. C'est la plus petite de toutes les semences ; mais quand il a poussé, il est plus grand que les légumes et devient un arbre, de sorte que les oiseaux du ciel viennent habiter dans ses branches.* »

Tout comme beaucoup d'oiseaux nichent et perchent dans un grand arbre, lorsque votre foi grandit à la plus grande mesure, beaucoup de gens sont capables de se reposer spirituellement en vous, parce que vous êtes capables de partager votre foi et de la fortifier avec la grâce de Dieu.

Aussi, au plus vous devenez sanctifiés, au plus vous possédez l'amour spirituel et la vertu. Le résultat est que vous allez étreindre beaucoup de gens et ceci est le raccourci pour avancer énergiquement vers le ciel.

Jésus dit dans Matthieu 5 :5, « *Heureux les débonnaires, car ils hériteront la terre.* » Ce passage vous enseigne qu'au plus votre foi grandit, et qu'au plus vous devenez bons, au plus grande sera la demeure que vous hériterez au ciel.

Une gloire différente au ciel selon le niveau de foi

L'apôtre Paul commente à propos de nos corps ressuscités dans 1 Corinthiens 15 :41 : « *Autre est l'éclat du soleil, autre l'éclat d la lune, et autre l'éclat des étoiles ; même une étoile diffère en éclat d'une autre étoile.* » Chacun recevra une mesure différente de gloire au ciel, parce que Dieu rémunère chacun selon ce qu'il a fait.

Ici, « l'éclat du soleil » se réfère à la gloire que possèderont ceux qui sont entièrement sanctifiés et fidèles dans toute la maison de Dieu. L' « éclat de la lune » se réfère à la gloire de ceux qui auront raté l'éclat du soleil, et l' « éclat des étoiles » se réfère à la gloire des gens qui ont une foi plus faible que ceux avec l'éclat de la lune.

La phrase « une étoile diffère en éclat d'une autre étoile » signifie que tout comme chaque étoile diffère dans le niveau de son éclat, chacun d'entre nous recevra des récompenses et des rangs célestes différents dans le ciel après la résurrection et cela même si nous entrons dans le même lieu de repos.

De cette manière, la Bible nous dit que chacun de nous aura une gloire différente lorsque nous entrerons dans le ciel après notre résurrection. Cela nous conduit à réaliser que nos lieux de repos et nos récompenses seront différents selon la quantité de foi spirituelle que nous possédons en ayant chassé le péché et notre fidélité au royaume de Dieu pendant que nous vivions dans ce monde.

Cependant, les gens qui sont mauvais ou paresseux pour chasser leurs péchés et pour être fidèles à leurs tâches, ne sont pas capables d'entrer au ciel, mais au contraire seront jetés au dehors dans les ténèbres (Matthieu 25). Vous devez donc énergiquement avancer vers le merveilleux ciel avec foi.

Comment avancer vers le ciel

Les gens de ce monde passent leur vie entière à amasser des richesses qu'ils ne peuvent pas posséder éternellement. Certaines personnes travaillent dur pour acheter une maison en se serrant la ceinture, tandis que d'autres étudient dur sans suffisamment de sommeil afin qu'ils puissent obtenir de bons boulots. Si les gens font leur possible pour avoir de meilleures vies dans ce monde, qui ne durera qu'un temps, combien plus d'efforts devez-vous faire pour avoir la vie éternelle dans le ciel ? Examinons en détails, comment nous devons avancer vers le ciel.

D'abord, vous devez obéir à la Parole de Dieu. Il vous presse à continuer de travailler votre salut avec peur et tremblement (Philippiens 2 :12). L'ennemi Satan et le diable vont dérober votre foi lorsque vous n'êtes pas éveillés. Pour cela, vous devez regarder la Parole de Dieu comme « *plus douce que le miel, que celui qui coule des rayons* » *(Psaume 19 :11)* et demeurer en elle. Vous serez sauvés non pas lorsque vous appelez Dieu, « Seigneur, Seigneur », mais lorsque vous marchez en accord avec la volonté de Dieu avec l'aide du Saint Esprit.

Deuxièmement, vous devez revêtir l'armure complète de Dieu. De façon à être fort dans le Seigneur dans Sa grande puissance et tenir ferme contre les plans du diable, vous devez revêtir l'armure complète de Dieu. Votre combat n'est pas contre la chair et le sang, mais contre les dominations, les autorités, contre les princes de ce monde de ténèbres, contre les esprits méchants dans les lieux célestes, c'est pourquoi, prenez toutes les armes de Dieu afin de pouvoir résister dans le mauvais jour et tenir ferme après avoir tout surmonté (Ephésiens 6 :10-13).

Pour cela, vous devez tenir ferme avec la ceinture de vérité attachée autour de votre taille, avec la cuirasse de la justice en place, et avec vos pieds équipés du zèle pour prêcher l'évangile. Prenez par-dessus tout cela le bouclier de la foi avec lequel vous pouvez éteindre tous les traits enflammés du malin. Prenez aussi le casque du salut, et l'épée de l'Esprit qui est la Parole de Dieu. Faites en tout temps par l'Esprit toutes sortes de prières et de supplications. Veillez à cela avec une entière persévérance (Ephésiens 6 :14-18). Votre lieu de repos dans le ciel sera déterminé par le nombre de fois que vous aurez revêtu l'armure de Dieu et que vous aurez vaincu l'ennemi Satan et le diable.

Troisièmement, vous devez avoir en tout temps l'amour

spirituel. Avec la foi vous êtes capables d'entrer au ciel et avec l'espérance du ciel vous êtes capables d'être sanctifiés et fidèles dans toutes vos tâches.

De plus, vous êtes capables d'entrer dans la Nouvelle Jérusalem, le plus beau lieu dans le ciel, lorsque vous accomplissez l'amour parfait. Vous devez accomplir l'amour parfait pour demeurer dans la Nouvelle Jérusalem où Dieu se trouve, parce qu'il est amour.

Comme l'apôtre Paul nous dit dans 1 Corinthiens 13 :13, « *Maintenant donc, ces trois choses demeurent : la foi, l'espérance, l'amour ; mais la plus grande de ces trois choses, c'est l'amour,* » vous devez avancer vers le ciel avec l'amour spirituel. De plus, vous devez savoir que la demeure dans le ciel sera déterminée en fonction de la manière dont vous accomplissez l'amour.

3. Différents lieux de Séjour et Couronnes

Les gens dans le monde tridimensionnel ne peuvent pas connaître le ciel, qui fait partie d'un monde à quatre dimensions. Cependant, en tant qu'homme de foi, vous devenez excités et remplis de joie uniquement à l'énoncé du mot « ciel », parce que le royaume des cieux est votre maison dans laquelle vous vivrez éternellement. Si vous apprenez le ciel dans les détails, non seulement votre âme prospèrera, mais votre foi grandira aussi plus rapidement, parce que vous devenez rempli d'espérance pour le royaume des cieux.

Au ciel, il y a plusieurs demeures que Dieu a préparées pour Ses enfants (Deutéronome 10-14 ; 1 Rois 8 :27 ; Néhémie 9 :6 ; Psaume 148 :4 ; Jean 14 :2). Chacun d'entre vous possèdera une demeure différente selon la mesure de sa foi personnelle et parce que Dieu est juste, Il vous laisse moissonner ce que vous semez (Galates 7 :6) et vous récompense selon ce que vous avez fait (Matthieu 16 :27 ; Apocalypse 2 :23).

Comme je l'ai déjà mentionné, le royaume des cieux est divisé en différents lieux, tels que le Paradis, le Premier Royaume, le Second Royaume, et le Troisième Royaume dans lequel il y a la Nouvelle Jérusalem. Le trône de Dieu se trouve dans la Nouvelle Jérusalem, tout comme le président de Corée Cheong Wa Dae, est dans la capitale Séoul, et la résidence officielle du président des Etats-Unis, la Maison Blanche, se trouve dans la capitale Washington, D.C.

La Bible nous parle aussi de différentes espèces de couronnes, qui seront données en récompense aux enfants de Dieu. Parmi de nombreuses missions, amener des âmes au Seigneur et construire Son sanctuaire sont dignes des plus grandes récompenses.

Il y a différentes méthodes pour amener des âmes au Seigneur. Vous pouvez participer à des campagnes d'évangélisation, aider les efforts en donnant différents types d'offrandes, ou indirectement évangéliser les gens en travaillant fidèlement pour le royaume de Dieu avec vos divers talents. De tels moyens indirects pour amener des âmes au Seigneur sont aussi importants pour étendre le royaume de Dieu, tout comme chaque partie de votre corps vous est indispensable.

Cependant, la participation directe à l'évangélisation des gens et à la construction du sanctuaire dans lequel les gens se réunissent pour adorer, méritent les plus grandes récompenses, parce qu'elles correspondent à satisfaire la soif de Jésus et payer en retour pour son sang.

Il y a différents standards par lesquels vous gagnez une couronne dans le ciel, et le niveau de leur préciosité diffère d'une couronne à l'autre. A la couronne de chacun, vous serez capables de reconnaître sa mesure de sanctification, prix et demeure céleste, tout comme les gens au temps de la monarchie pouvaient dire le statut social de quelqu'un en fonction de ses habits.

Plongeons maintenant dans la relation entre mesure de foi, demeure céleste et couronnes remportées.

Le Paradis pour les gens avec le premier niveau de foi

Le Paradis est l'endroit le plus bas du ciel, et pourtant il est incroyablement joyeux, heureux, beau et pacifique en comparaison avec ce monde. De plus, si cet endroit est tellement heureux c'est parce qu'il n'y a pas du tout de péché ! Le Paradis est un bien plus merveilleux endroit que le Jardin d'Eden où Dieu a placé Adam et Eve après les avoir formés.

Le Paradis est un endroit merveilleux où coule le fleuve

de la Vie qui provient du trône de Dieu après avoir coulé dans les Troisième, Second et Premier Royaumes. De chaque côté du fleuve se trouve l'arbre de vie, produisant douze fois de fruits, donnant son fruit chaque mois (Apocalypse 22 :2).

Le Paradis est pour ceux qui ont accepté Jésus Christ mais qui n'avaient pas d'œuvres de foi. Ce sont les gens au premier niveau de foi, qui ont reçu leur salut de justesse et le Saint Esprit qui entrent au Paradis. Aucune couronne ou prix ne leur sont donnés parce qu'ils n'ont montré aucune œuvre de foi.

Nous trouvons dans Luc 23 :43 qu'à la croix Jésus a dit au criminel à son côté, « Aujourd'hui tu seras avec Moi dans le Paradis ». Cela ne veut pas dire que Jésus demeure uniquement au Paradis ; Jésus est partout dans le ciel parce qu'Il est le maître du ciel. Vous lisez aussi dans la Bible que Jésus après Sa mort, est allé dans le Tombeau Supérieur et non au Paradis.

Ephésiens 4 :9 demande, *« Or que signifie Il est monté, sinon qu'Il est aussi descendu dans les régions inférieures de la terre ? »* Aussi dans 1 Pierre 3 :19, nous trouvons, *« Dans lequel Il est aussi prêcher aux esprits en prison. »* En d'autres termes, Jésus est allé dans le Tombeau Supérieur et y a prêché l'évangile et puis après trois jours il est ressuscité.

C'est pourquoi, quand Jésus dit « aujourd'hui tu seras avec Moi dans le Paradis », signifie que Jésus a prédit le fait dans la foi que le criminel serait sauvé et finirait au Paradis. Le criminel a reçu le salut honteux de justesse et est allé au Paradis parce qu'il n'a accepté Jésus que juste avant sa mort et qu'il n'a fait aucun effort pour combattre le péché ou accomplir sa mission pour le royaume de Dieu.

Le Premier Royaume du ciel

Quel genre d'endroit est le Premier Royaume du ciel ? Tout comme il y a une grande différence dans la vie entre le Paradis et ce monde, le Premier Royaume du ciel est incomparablement plus heureux et joyeux que le Paradis.

Si le bonheur de celui qui est allé dans le Premier Royaume était comparé au bonheur d'un poisson rouge dans un bocal, le bonheur de celui qui est allé dans le Second Royaume peut être comparé au bonheur d'une baleine dans le vaste océan Pacifique. Tout comme un poisson rouge dans un bocal se sent confortable et heureux lorsqu'il est dans un bocal, celui qui est allé dans le Premier Royaume se sent satisfait d'être là bas et il ressent le vrai bonheur.

Maintenant vous savez qu'il y a des différences dans la mesure de bonheur pour chaque demeure céleste. Pouvez-vous imaginer de quelle vie glorieuse jouira celui qui est dans la Nouvelle Jérusalem, où siège le trône de Dieu ? Ce sera brillant, beau et époustouflant au-delà de tout ce que vous n'avez jamais imaginé. C'est pourquoi vous devez faire grandir votre foi avec diligence avec l'espérance de la Nouvelle Jérusalem, sans être satisfait d'avoir atteint le Paradis ou le Premier Royaume.

Si vous devenez enfant de Dieu en acceptant Jésus

Christ comme votre Sauveur, avec l'aide du Saint Esprit vous pouvez rapidement atteindre le second niveau de foi auquel vous essayez de vivre selon la Parole de Dieu. A ce stade, vous faites un effort pour garder Sa Parole comme vous l'apprenez même si vous n'êtes pas encore parfaits dans la vie en elle.

C'est pareil pour un bébé qui n'a pas encore un an et qui essaie de se lever malgré des chutes répétées. Après beaucoup de pratique, il peut éventuellement se tenir debout, chanceler, et puis rapidement essayer à nouveau de marcher. Combien adorable et aimable ce bébé doit être pour sa mère s'il continue à grandir de cette manière ?

C'est la même chose avec les niveaux de la foi. Tout comme le bébé essaie de se lever, marcher et courir, parce qu'il est vivant, la foi, parce qu'elle a aussi la vie en elle, va de l'avant pour atteindre le second niveau de foi et ensuite le troisième niveau de foi. Dieu donne donc le Premier Royaume à ceux qui ont la foi du deuxième niveau parce que Dieu les aime aussi.

Une couronne impérissable

Vous recevrez une couronne dans le Premier Royaume du ciel. Il y a plusieurs types de couronnes dans le ciel, de la même manière où le ciel était divisé en de nombreux endroits de repos : une couronne impérissable, une couronne de gloire, une couronne de vie, une couronne d'or et une couronne de justice. Parmi ces couronnes, à ceux qui entrent dans le Premier Royaume sera donnée une couronne impérissable.

Il est écrit dans 2 Timothée 2 :5-6, « *l'athlète n'est pas couronné, s'il n'a pas combattu suivant les règles. Le laboureur qui peine doit être le premier à recueillir les fruits.* » Comme nous recevons une récompense pour notre labeur dans ce monde, nous recevrons aussi une récompense lorsque nous marchons sur le chemin étroit pour atteindre le ciel.

Un athlète reçoit une médaille d'or ou une couronne de lauriers uniquement s'il a couru selon les règles et gagné. De la même manière, vous ne serez capables de recevoir une couronne que si vous combattez selon la Parole de Dieu tandis que vous avancez énergiquement vers le ciel.

Jésus a dit, « *Tous ceux qui me diront Seigneur, Seigneur n'entreront pas dans le royaume des cieux, mais seulement ceux qui font la volonté de Mon Père qui est dans les cieux.* » *(Matthieu 7 :21)*. Même si quelqu'un proclame croire en Dieu, s'il ignore la loi spirituelle, la loi de Dieu, il ne recevra aucune couronne, parce qu'il n'a qu'une foi de connaissance et il est comme un athlète qui court sans respecter les règles.

Cependant, même si votre foi est faible, vous recevrez une couronne impérissable, aussi longtemps que vous essayez de courir dans la course selon les règles de Dieu. Vous recevrez une couronne impérissable parce que vous pouvez être considérés comme ayant participé à la course et couru selon les règles.

La course pour ceux qui ont la foi est un combat spirituel contre l'ennemi le diable et le péché. Le véritable prix pour celui qui remporte la course en vainquant l'ennemi le diable est une couronne impérissable. Supposons que vous n'assistez qu'au culte du matin le dimanche et que vous rencontrez vos amis l'après midi. Dans ce cas vous ne pouvez même pas recevoir de couronne impérissable, parce que vous avez déjà perdu le combat contre l'ennemi Satan et le diable.

1 Corinthiens 9 :25 déclare que, « *Tous ceux qui combattent s'imposent toutes espèces d'abstinences, et ils le font pour obtenir une couronne corruptible ; mais nous, faisons le pour une couronne incorruptible.* »

La manière où chaque personne qui concourt dans la course se donne à un entraînement strict et combat selon les règles, de façon à atteindre le ciel, nous devons également entrer dans un entraînement strict et vivre selon la volonté de Dieu. Voyant que Dieu prépare même une couronne qui ne périra jamais pour ceux qui essayent de vivre selon Ses lois dans ce monde, en se souvenant de leurs efforts, nous comprenons combien abondant est l'amour de Dieu !

De plus, contrairement au Paradis, des récompenses sont préparées pour ceux qui atteignent le Premier Royaume. Des récompenses et une gloire seront données à ceux qui entrent dans cet endroit parce qu'au nom du Seigneur, ils font des efforts pour le royaume de Dieu.

Le Second Royaume

Le Second Royaume du ciel est un niveau plus élevé que le premier Royaume. Les gens au troisième niveau de foi qui vivent selon la Parole de Dieu peuvent entrer dans le Second Royaume. Autour de la capitale Séoul, il y a cités satellites et autour de ces cités, il y a des banlieues.

De la même manière, au ciel, la Nouvelle Jérusalem est située au milieu du Troisième Royaume, et autour du Troisième Royaume sont le Second Royaume, le Premier Royaume et le Paradis. Bien sûr, cela ne veut pas dire que chaque lieu de séjour au ciel est divisé de la manière dont sont séparées les villes dans ce monde.

Avec une connaissance humaine limitée, nous ne pouvons pas comprendre correctement le merveilleux et mystérieux ciel révélé. Vous avez besoin d'essayer de le comprendre le mieux possible, et cependant vous pourriez ne pas le saisir correctement même si vous essayez de vous l'imaginer avec votre propre pensée et imagination. Vous pouvez comprendre le ciel dans la mesure où votre foi grandit parce que le ciel ne peut être expliqué avec rien dans ce monde.

Le roi Salomon, qui a connu une grande abondance, prospérité et puissance, s'est lamenté dans son âge avancé, « *Vanité des vanités, dit l'Ecclésiaste, vanités des vanités, tout est vanité. Quel avantage revient-il à l'homme de toute la peine qu'il se donne sous le soleil.* » (Ecclésiaste 1 :2-3)

Dans Jacques 4 :14 on nous rappelle également, « *vous qui ne savez pas ce qui arrivera demain ! Car qu'est ce que votre vie ? Vous êtes une vapeur qui parait pour un peu de temps, et qui ensuite disparaît.* » La grande prospérité et abondance de quelqu'un dans ce monde ne dure qu'un moment et périt rapidement.

Comparée à la vie éternelle, la vie que nous vivons aujourd'hui est toute comme un brouillard qui apparaît pour un temps et puis qui disparaît. Cependant, la couronne que Dieu donne est éternelle et elle ne périt jamais, et c'est un prix tellement précieux prix de grande valeur que ce sera une source éternelle de fierté.

Alors, combien la vie de quelqu'un manquerait de sens s'il ne peut pas donner gloire à Dieu tandis qu'il confesse sa foi en Lui ! Cependant, si quelqu'un est au troisième niveau de foi, parce qu'il fait toutes choses avec sincérité, il entendra souvent ses voisins confesser, « Après vous avoir vu, je dois commencer moi aussi à fréquenter l'église ! »

De cette manière, il donne gloire à Dieu et c'est pourquoi Dieu le récompense avec une couronne de gloire.

Une couronne de gloire

Nous trouvons dans 1 Pierre 5 :2-4 le fardeau de Dieu pour nous :

> *Paissez le troupeau de Dieu qui est sous votre garde, non par contrainte, mais volontairement, selon Dieu ;non pour un gain sordide, mais par dévouement ; non comme dominant sur ceux qui vous sont échus en partage, mais en étant les modèles du troupeau. Et lorsque le Souverain Berger paraîtra, vous obtiendrez la couronne incorruptible de la gloire.*

Si vous entrez dans le troisième niveau de foi, vous répandez l'arôme de Christ, parce que vos paroles et votre comportement changent suffisamment pour devenir la lumière et le sel de la terre tandis que vous chassez vos péchés en résistant à vos péchés au point de verser votre sang. Si une personne qui se fâchait facilement et qui parlait mal des autres auparavant, devient douce et ne parle que de bonnes choses des autres, ses voisins diront « il a tellement changé depuis qu'il est devenu chrétien. » De cette manière, Dieu sera glorifié à cause de lui.

Pour cela, une couronne de gloire sera la récompense de celui qui devient un bon exemple pour le troupeau parce qu'il Le glorifie en chassant avec diligence ses péchés et en demeurant fidèle à la tâche que Dieu lui a donnée dans ce monde. Ce que nous avons fait au nom du Seigneur et ce que nous avons fait pour accomplir notre tâche tout en chassant nos péchés seront amassés au ciel comme un prix.

Les gloires de ce monde pourriront, mais toute la gloire que vous allez donner à Dieu ne périra jamais, et cela retournera vers vous comme une couronne de gloire qui ne périra jamais, éternellement

Parfois vous pouvez vous poser la question, « Cette personne serait parfaite dans chaque aspect, ressemblante à l'attitude du Seigneur, puisqu'elle est très fidèle au travail de Dieu. Alors pourquoi a-t-elle toujours des choses mauvaises en elle ? »

Dans un pareil cas, il n'est pas encore entièrement sanctifié en combattant contre ses péchés, mais il donne gloire à Dieu en faisant de son mieux pour accomplir sa tâche. C'est pourquoi il recevra une couronne de gloire qui ne périra jamais.

Pourquoi alors, est elle appelée « une couronne de gloire qui ne périra jamais » ? La plupart des gens reçoivent un prix au moins une ou deux fois au cours de leur vie. Au plus grand est le prix que vous recevez, au plus heureux et fiers vous devenez. Néanmoins, en regardant en arrière après un temps, vous vous rendez compte que la gloire de ce monde est sans valeur. Ceci est parce que ce certificat de mérite devient un simple bout de papier sans valeur, le trophée reste couvert de poussière et la mémoire qui pour un temps était si vive devient vague.

Au contraire, la gloire que vous recevrez au ciel ne changera jamais. C'est pourquoi Jésus nous dit, *« Amassez vous des trésors dans le ciel où la rouille et la teigne ne détruisent point, et où les voleurs ne percent ni ne dérobent. »* *(Matthieu 6 :20)*

Donc, « une couronne de gloire qui ne périra jamais » lorsqu'elle est comparée avec les couronnes de ce monde, nous montre que sa gloire et sa splendeur sera éternelle. En voyant qu'au ciel même une couronne est éternelle et ne périt pas, vous pouvez vous imaginer combien parfaites sont toutes choses là bas.

Alors, comment les gens qui sont dans les endroits plus bas du ciel – au Paradis et dans le Premier Royaume – se comporteront ils lorsque quelqu'un qui porte une couronne de gloire leur rendra visite ? Au ciel, les gens qui sont dans les demeures plus basses adorent et admirent du plus profond de leur cœur une personne de position plus élevée, fléchissant devant lui, sans même lever les yeux, de la manière où des sujets fléchissent devant le roi.

    Néanmoins, les gens ne haïssent pas cette personne ni ne la jalousent ou l'envient, parce qu'il n'y a pas de mal au ciel. Au contraire, les gens le regardent avec respect et amour. Au ciel vous ne vous sentez ni mal à l'aise, ni orgueilleux du tout, que vous vous prosterniez avec respect ou que vous receviez du respect des autres parce que vous vivez dans une demeure supérieure. Les gens montrent simplement du respect et accueillent les autres avec amour, considérant les autres comme des êtres précieux.

Le Troisième Royaume

    Le Troisième Royaume des cieux est pour ceux qui vivent complètement selon la Parole de Dieu et ont la foi du martyre, considérant leur vie comme ne valant rien parce qu'ils aiment Dieu le plus. Les gens au quatrième niveau de foi sont prêts à mourir pour le Seigneur.

    Beaucoup de chrétiens ont été tués dans les derniers jours de la Dynastie Chosun en Corée. Pendant cette période, il y a eu de grandes persécutions et oppressions contre la chrétienté. Le gouvernement promettait même des récompenses pour ceux qui dénonçaient des chrétiens. Néanmoins, les missionnaires américains et européens n'avaient pas peur de la mort mais ont prêché l'évangile encore plus ardemment. Beaucoup de gens furent tués jusqu'à ce que l'évangile puisse fleurir comme nous le voyons aujourd'hui.

C'est pourquoi, si vous voulez devenir un missionnaire dans une nation étrangère, je vous conseille d'avoir la foi d'un martyr. Malgré que l'on puisse souffrir de troubles pendant le travail en tant que missionnaire on peut travailler avec joie et reconnaissance parce que l'on sait que les souffrances et la douleur seront richement récompensées au ciel.

Certains peuvent penser, « maintenant, je vis dans une nation où il n'y a pas de persécutions parce qu'il y a la liberté de religion ici. Mais je considère comme terrible que je ne puisse pas mourir pour le royaume de Dieu, même si j'ai une foi suffisamment forte que pour mourir en martyr. » Cela n'est cependant pas le cas. De nos jours, vous n'avez pas besoin de mourir en martyr pour partager l'évangile comme au temps des premières églises.

Bien sûr, si nécessaire, il y aurait des martyrs. Mais si vous pouvez faire plus d'œuvres pour Dieu avec la foi pour sacrifier même votre vie, ne sera-t-Il pas plus heureux avec vous, même si vous ne mourez pas de la mort d'un martyr ?

De plus, Dieu qui sonde votre cœur, sait quel genre de foi vous allez montrer dans des situations dangereuses pour votre vie en prêchant l'évangile ; Il connaît les profondeurs et le centre de votre cœur. Ce serait plus précieux pour vous de vivre en martyr vivant, comme un vieil adage nous dit, « Vivre est plus difficile que mourir. »

Dans notre vie quotidienne, nous pouvons rencontrer toutes sortes de situations de vie ou de mort qui demandent de nous une foi de martyr. Par exemple, jeûner et prier jour et nuit est impossible sans une forte résolution et foi parce qu'on jeûne et prie pour recevoir des réponses de Dieu au risque de perdre la vie. Quelles sortes de personnes peuvent entrer dans le Troisième Royaume du ciel ? Celles qui sont totalement sanctifiées peuvent y entrer.

Aux jours de la première église, comme il y avait de nombreuses personnes qui étaient capables de mourir pour Jésus Christ, beaucoup pourraient être qualifiés pour entrer dans le Troisième Royaume. Aujourd'hui cependant, un petit nombre de personnes seulement, qui se sont spécialement distinguées devant Dieu en chassant leurs péchés peuvent entrer dans le Troisième Royaume, parce que la méchanceté de l'homme est devenue grande sur la terre.

Ceux qui ont la foi des pères peuvent entrer dans le Troisième Royaume parce qu'ils chassent tous péchés en vainquant toutes espèces d'épreuves et de tests, devenant totalement sanctifiés, et étant fidèles jusqu'à la mort. Dieu les considère donc comme précieux, laisse les anges et les armées célestes les préserver et les couvre de la nuée de la gloire.

La couronne de vie

Quel type de couronne recevront les gens dans le Troisième Royaume ? Ils recevront la couronne de vie, comme Jésus le promet dans Apocalypse 2 :10, *« Sois fidèle jusqu'à la mort, et Je te donnerai la couronne de vie. »*

Ici « soyez fidèles » ne signifie pas simplement que vous demeurez fidèle à votre tâche dans l'église. Il est très important de chasser toute espèce de mal en combattant vos péchés au point de verser le sang sans compromission avec le monde. Lorsque vous accomplissez un cœur propre et saint en combattant le péché jusqu'à la mort, vous recevrez la couronne de vie.

La couronne de vie vous sera également donnée lorsque vous déposez votre vie pour vos voisins et amis et lorsque vous persévérez dans les épreuves après que vous ayez réussi le test (Jean 15 :13 ; Jacques 1 :12).

Par exemple, lorsque les gens rencontrent des épreuves, la plupart d'entre eux les endurent à contrecoeur et sans cœur reconnaissant, deviennent fous sans endurance, ou se plaignent à Dieu.

Au contraire, si quelqu'un peut surmonter n'importe quelle épreuve avec joie, il peut être considéré comme étant totalement sanctifié. Quelqu'un qui aime Dieu énormément peut être fidèle jusqu'à la mort et peut surmonter toute espèce d'épreuve avec joie.

De plus, il y beaucoup de différences dans les qualités de vie des gens selon qu'ils se trouvent au premier, second, troisième ou quatrième niveau de foi. Les méchants ne peuvent même pas faire du mal à une personne qui est au quatrième niveau de foi. Même si une maladie l'attaque, il en sera directement averti.

Il impose donc les mains à la partie malade de son corps, et cela disparaît rapidement. De plus, si une personne est au cinquième niveau de foi, aucune maladie ne peut l'atteindre parce que la lumière de gloire l'environne en tout temps.

Le but principal de Dieu pour cultiver les êtres humains

sur la terre est de nourrir et gagner de vrais enfants qui peuvent entrer dans le Troisième Royaume et au dessus. Chaque lieu de séjour au ciel est merveilleux et agréable à vivre, mais le ciel dans le véritable sens est le Troisième Royaume et au dessus où seuls les enfants saints et parfaits de Dieu peuvent entrer et vivre. C'est un endroit mis à part pour les véritables enfants de Dieu qui ont vécu en accord avec la volonté de Dieu. Là, il sont capables de voir Dieu face à face.

De plus, parce que le Dieu d'amour veut que tous viennent dans le Troisième Royaume du ciel et au dessus, Il vous aide à devenir sanctifié avec l'aide du Saint Esprit, vous donnant Sa grâce et Sa puissance lorsque vous priez avec ferveur et entendez la Parole de vie.

Proverbes 17 :3 nous dit, *« Le creuset est pour l'argent et le fourneau pour l'or, mais celui qui éprouve les cœurs c'est l'Eternel. »* Dieu nous raffine tous pour faire de nous Ses vrais enfants.

J'espère que vous deviendrez sanctifiés rapidement en chassant vos péchés en luttant contre eux jusqu'à verser votre sang, et que vous posséderez la foi parfaite que Dieu désire que nous ayons.

Nouvelle Jérusalem

Au plus vous connaissez le ciel, au plus mystérieux vous le trouvez. La Nouvelle Jérusalem est le plus bel endroit du ciel et elle contient le trône de Dieu. Certains peuvent mal comprendre et penser que toutes les âmes sauvées vont vivre dans la Nouvelle Jérusalem ou que la totalité du ciel est la Nouvelle Jérusalem.

Ce n'est cependant pas le cas. Dans Apocalypse 21 :16-17, la dimension de la cité de la Nouvelle Jérusalem est mentionnée : longueur, largeur et hauteur sont à peu près 1.400 miles (ou environ 2.200 kilomètres) de long. Son périmètre est d'à peu près 5.600 miles. C'est un endroit légèrement plus petit que la Cité Interdite en Chine.

Le ciel serait surpeuplé avec toutes les âmes sauvées si la Nouvelle Jérusalem était tout ce qu'il y avait au ciel. Cependant, le royaume des cieux est extrêmement spacieux et le Nouvelle Jérusalem n'en est qu'une partie.

Qui donc est qualifié pour entrer dans la Nouvelle Jérusalem ?

Heureux ceux qui lavent leurs robes afin d'avoir droit à l'arbre de vie, et d'entrer par les portes dans la ville (Apocalypse 22 :14).

Ici « robes » se réfère à votre cœur et vos œuvres, et « laver les robes » signifie que vous vous préparez en tant qu'épouse de Jésus Christ par votre bonne conduite tandis que vous continuez à purifier votre cœur.

« Le droit à l'arbre de vie » indique que vous serez sauvés par la foi et irez au ciel. « Entrer par les portes dans la ville » signifie que vous allez passer les portes de perles de la Nouvelle Jérusalem après que vous aurez passé les portes de chaque Royaume du ciel selon la grandeur de votre foi. Cela signifie qu'à la mesure où vous serez sanctifiés vous serez capables de vous approcher de la Cité Sainte où réside le trône de Dieu.

De plus, vous n'êtes capables d'entrer dans la Nouvelle Jérusalem uniquement lorsque vous avez atteint le cinquième niveau de foi auquel vous êtes agréables à Dieu en devenant totalement sanctifiés et fidèles dans toutes vos tâches. La foi qui plait à Dieu est celle qui est assez crédible que pour remuer le cœur de Dieu ou pour Lui faire demander « Que puis-Je faire pour toi ? » avant même que vous Lui demandiez quoi que se soit. C'est la foi spirituelle parfaite, la foi de Jésus Christ qui a agi en toutes choses selon le cœur de Dieu.

Jésus était dans Sa véritable nature Dieu, mais Il n'a pas considéré Son égalité avec Dieu comme une proie à arracher, mais Il s'est dépouillé Lui-même, en prenant une forme de serviteur, en devenant semblable aux hommes, et Il a paru comme un vrai homme et devint obéissant jusqu'à la mort (Philippiens 2 :6-8).

C'est pourquoi, Dieu l'a souverainement élevé et Lui a donné un nom qui est au dessus de tous les noms (Philippiens 2 :9), la gloire d'être assis à la droite de Dieu, et l'autorité d'être le Roi des rois et le Seigneur des seigneurs.

De même, afin d'entrer dans la Nouvelle Jérusalem, vous devez être obéissants jusqu'à la mort comme Jésus si cela est la volonté de Dieu. Certains d'entre vous pourraient se demander « il semble que d'être obéissant jusqu'à la mort est au-delà de ma capacité. Suis-je capable d'atteindre le cinquième niveau de foi ? »

En effet, de telles confessions viennent de votre faible foi. Après que vous ayez appris à propos de la Nouvelle Jérusalem, plus personne d'entre vous ne fera plus une telle confession, tandis que vous augmentez votre espérance pour la vie éternelle dans un tel lieu merveilleux.

Comme je décris brièvement les caractéristiques et la gloire de la Nouvelle Jérusalem, étendez votre imagination et jouissez du bonheur et du spectacle envoûtant de la Cité Sainte.

La beauté de la Nouvelle Jérusalem

Tout comme une épouse se prépare pour être belle et élégante pour rencontrer son mari, Dieu prépare et décore la Nouvelle Jérusalem de la manière la plus merveilleuse. La Bible la décrit dans Apocalypse 21 :10-11 :

> *Il me transporta en Esprit, sur une grande et haute montagne, et il me montra la ville sainte, Jérusalem qui descendait du ciel d'auprès de Dieu, ayant la gloire de Dieu. Son éclat était semblable à celui d'une pierre très précieuse, d'une pierre de jaspe transparente comme du cristal.*

De plus, le mur est fait de jaspe et le mur de la ville a douze fondations. Les douze portes sont faites de douze perles, chaque porte faite d'une seule perle, et la grande rue de la cité était d'or pur, comme du verre transparent

(Apocalypse 21 :11-21).

Pourquoi Dieu A-t-il décrit en détails les rues et le mur parmi d'autres grandes et merveilleuses structures de la ville ? Dans ce monde, c'est l'or véritable que les gens considèrent comme la chose la plus précieuse et ils veulent le posséder. Les gens préfèrent l'or, non seulement parce qu'il est précieux, mais aussi parce qu'il ne perd jamais sa valeur même avec le temps qui passe.

Dans la Nouvelle Jérusalem cependant, même la rue sur laquelle les gens marchent est en or, et le mur de la ville est fait de divers joyaux. Pouvez-vous imaginer combien les autres caractéristiques des murs de la villes doivent être belles ? C'est pourquoi Dieu décrit la route et le mur de la ville de telle manière.

De plus, la ville n'a pas besoin de soleil ni ne lampes pour l'éclairer, parce que la lumière de Dieu lui donne la lumière et il n'y aura jamais de nuits. Il y a le fleuve d'Eau de la Vie, aussi claire que le cristal, qui coule du trône de Dieu et de l'agneau le long du milieu de la grande rue de la cité.

De chaque côté du fleuve, il y a des plages de sable doré et argenté et l'arbre de vie, portant douze récoltes de fruits, donnant son fruit chaque mois. Les gens circulent dans les jardins que Dieu a décorés de différents arbres et fleurs. Tout dans la cité est rempli de bonheur et de paix à cause de la lumière éclatante et de l'amour de notre Sauveur Jésus Christ, et aucun des deux ne peut être décrit de manière adéquate par des mots de ce monde.

Vous serez captivés par juste ces quelques scènes

brillantes et magnifiques : des maisons qui sont faites d'or et de pierres précieuses, et des rues transparentes et claires en or avec un éclat éblouissant. C'est un monde au-delà de votre imagination et sa gloire et sa dignité ne peuvent être égalés.

La vile n'a besoin ni du soleil, ni de la lune pour l'éclairer, car la gloire de Dieu l'éclaire et l'Agneau est son flambeau (Apocalypse 21 :23).

Et Il me montra un fleuve d'eau de la vie limpide comme du cristal, qui sortait du trône de Dieu et de l'agneau. Au milieu de la place de la ville et sur les deux bords du fleuve, il y avait un arbre de vie produisant douze fois des fruits, rendant son fruit chaque mois et dont les feuilles servent à la guérison des nations (Apocalypse 22 :1-2).

Pour qui alors, cette merveilleuse Cité Sainte est elle préparée ? Dieu a préparé la Nouvelle Jérusalem pour, parmi tous ceux qu'il a sauvé, Ses véritables enfants qui sont aussi saints et parfaits qu'Il l'est Lui-même. C'est pourquoi Dieu nous presse a être entièrement sanctifiés, disant, « *Evitez toute espèce de mal* » (1 Thessaloniciens 5 :22), « *Soyez saints comme Je suis saint* » (1 Pierre 1 :16), « *Soyez parfaits comme votre Père céleste est parfait* » (Mathieu 5 :48).

Cependant, malgré que les gens soient totalement sanctifiés, certains entreront dans la Nouvelle Jérusalem pendant que les autres resteront dans le Troisième Royaume du ciel, dépendant de la manière dont ils ressemblent au cœur du Seigneur et dans quelle manière ils l'accomplissent par leurs œuvres. Les gens qui entrent dans la Nouvelle Jérusalem ne sont pas seulement sanctifiés, mais ils Lui plaisent aussi en changeant leur cœur et en Lui obéissant au point de mourir, selon Sa volonté.

Supposons qu'il y a deux fils dans une famille. Un jour, le père est rentré du travail et a dit qu'il avait soif. Le fils aîné savait que son père préférait les boissons sucrées, et il apporta à son père un verre de soda. De plus, il massa son père et l'aida à se relaxer. Au contraire, le plus jeune apporta un verre d'eau et retourna dans sa chambre pour étudier. Des deux, quel est lequel qui a réconforté le plus son père et qui lui a plu, connaissant bien son père ? Sûrement l'aîné des fils.

De même, il y a une différence entre ceux qui entrent la Nouvelle Jérusalem et ceux qui entrent dans le Troisième Royaume du ciel dans la mesure où ils ont plu Dieu et combien fidèles ils ont été en toutes choses remuant le cœur de Dieu.

Jésus différencie la foi du cinquième niveau comme une foi qui plait à Dieu afin de vous faire comprendre plus profondément la volonté de Dieu. Dieu nous dit qu'il est très satisfait des gens qui sont sanctifiés avec foi. Dieu dit qu'Il est joyeux avec ceux qui sont avides de sauver les gens en prêchant l'évangile. Dieu dit que ceux qui sont fidèles en étendant Son royaume et Sa justice sont agréables à Ses yeux.

La couronne d'or ou de la justice

Aux gens de la Nouvelle Jérusalem sera donnée la couronne d'or ou la couronne de la justice. Ces couronnes sont les plus glorieuses au ciel et elles sont portées uniquement à certaines occasions, telles qu'une grande fête. Apocalypse 4 :4 nous dit, *« Autour du trône je vis vingt-quatre trônes et sur ces trônes vingt quatre vieillards assis, revêtus de vêtements blancs, et sur leurs têtes des couronnes d'or.* » Vingt quatre anciens sont qualifiés pour être assis autour du trône de Dieu. Les « anciens » ici ne se réfèrent pas à ceux qui sont en position d'ancien dans une église, mais des gens qui sont reconnus comme étant ceux qui suivent le cœur de Dieu. Ils sont totalement sanctifiés et accomplissent à la fois des sanctuaires visibles et des sanctuaires invisibles dans leurs cœurs.

Dans 1 Corinthiens 3 :16-17, Dieu nous dit que Son Esprit prend nos cœurs comme un sanctuaire. C'est pourquoi, Il détruira tous ceux qui disgracient ce sanctuaire. Construire un sanctuaire invisible du cœur est devenir un homme spirituel en chassant tous les péchés, et construire un sanctuaire visible est d'accomplir notre tâche entièrement dans ce monde.

Le chiffre « vingt quatre » ou « vingt quatre anciens » représente tous les gens qui non, seulement entrent par la porte du salut par la foi, comme les douze tribus d'Israël, mais sont aussi totalement sanctifiés comme les douze apôtres de Jésus. Comme vous êtes reconnus comme étant un enfant de Dieu par la foi, vous devenez quelqu'un du peuple d'Israël, et en plus vous pourrez entrer dans la Nouvelle Jérusalem si vous êtes sanctifiés et fidèles comme les douze disciples de Jésus l'ont été. « Vingt quatre anciens » symbolisent les gens qui sont entièrement sanctifiés, complètement fidèles à leurs tâches et reconnus par Dieu. Il les récompense par la couronne d'or parce qu'ils ont une foi qui est précieuse comme de l'or pur.

De plus, Dieu donne la couronne de justice aux gens qui non seulement chassent leurs péchés, mais qui accomplissent aussi leurs tâches selon Sa satisfaction avec une foi qui est agréable à Dieu comme l'apôtre Paul l'a fait. Paul a fait face à de nombreuses difficultés et persécutions pour la justice. Il a fait tous les efforts et a tout enduré dans la foi pour atteindre le royaume et la justice de Dieu, qu'il mange ou boive ou quoi que ce soit qu'il dise ; Paul a glorifié Dieu et a démontré Sa puissance partout où il est allé. C'est pourquoi il a pu confesser avec confiance, *« Désormais, la couronne de justice m'est réservée ; le Seigneur, le juste juge, me la donnera dans ce jour là, et non seulement à moi, mais aussi à tous ceux qui auront aimé Son avènement. » (2 Timothée 4 :8)*

Nous avons examiné le ciel, comment vous pouvez avancer vers lui, et les différents lieux de séjour, et les couronnes qui seront accordées selon la mesure de chaque foi individuelle.

Puissiez vous devenir un chrétien sage qui aspire aux choses non périssables mais éternelles, et que par la foi vous avanciez vers le ciel pour jouir de la gloire et du bonheur éternels dans la Nouvelle Jérusalem, dans le nom de notre Seigneur Jésus Christ, je prie !

Autres livres du même auteur

**Le Ciel I *(Un endroit aussi clair que le cristal)*
Le Ciel II *(Rempli de la Gloire de Dieu)***

Une esquisse détaillée de l'environnement merveilleux dont jouissent les citoyens célestes au milieu de la gloire de Dieu.

Enfer

Un message sérieux de Dieu pour toute l'humanité, qui ne veut même pas qu'une seule âme tombe dans les profondeurs de l'enfer ! Vous aller découvrir le rapport jamais révélé auparavant de la cruelle réalité de l'Hadès et de l'enfer.

La Voie du Salut

Un puissant message de réveil pour tous les gens qui sont spirituellement endormis. Dans ce livre, vous trouverez le véritable amour de Dieu.

Goûter à la vie éternelle avant la mort

Un mémoire de témoignage du Révérend Dr. Jaerock Lee, qui fut né de nouveau et sauvé de la vallée de l'ombre de la mort et a vécu une vie chrétienne exemplaire.

www.urimbook.com

www.ingramcontent.com/pod-product-compliance
Lightning Source LLC
LaVergne TN
LVHW041223080526
838199LV00083B/2406